W0375015

# EDVARD KOINBERG

# HERBARIUM AMORIS DAS LIEBESLEBEN DER PFLANZEN

*Essays von*
*Henning Mankell und*
*Tore Frängsmyr*

Das vorliegende Buch folgt Carl von Linnés Blühkalender (*Calendarium Florae*), herausgegeben 1756.

Das Verständnis von Pflanzen als sexuelle Wesen geht ebenso wie die daraus abgeleitete naturwissenschaftliche Klassifikation auf Ideen des berühmten schwedischen Botanikers und Mediziners Carl von Linné (1707–1778) zurück. Anhand seiner Sammlung von über 20 000 Pflanzenarten aus aller Welt ordnete Linné die Pflanzen in einem *Calendarium Florae* nach ihrer Blütezeit und entwickelte ein System, das die Pflanzenarten nach der Anzahl und Anordnung ihrer Sexualorgane kategorisierte, wobei er die Sexualität von Pflanzen und Menschen miteinander verglich. Obwohl seine These, die Staubgefäße und Stempel der Pflanzen mit den menschlichen Geschlechtsorganen gleichzusetzen, damals große Kontroversen auslöste, führte sie letztendlich zu einer „sexuellen" Revolution in der Pflanzenklassifikation.

# DER BLÜHKALENDER VON CARL VON LINNÉ

I

## GLACIALIS

Der auflebende Wintermonat

[*13. Dezember*]

*Von der Wintersonnenwende bis zur Frühlings-Tagundnachtgleiche.*

II

## REGELATIONIS

Der Monat des Auftauens

[*19. März*]

*Von der ersten Schneeschmelze bis zum Hinabtreiben des Eises auf den Flüssen.*

III

## GERMINATIONIS

Der Monat der Knospung

[*12. April*]

*Von der Wiederkehr der Bachstelze bis zur Ankunft der Schwalben. Von der ersten Blüte bis zum Austreiben der ersten Bäume und während der gesamten Blüte des Märzenbechers.*

IV

## FRONDESCENTIÆ

Der Monat des Blattaustriebs

[*9. Mai*]

*Der Blattaustrieb aller Bäume, von der Traubenkirsche bis zur Esche. Von der Ankunft der Schwalben bis zu den Tulpen.*

V

## FLORESCENTIÆ

Der Blumenmonat

[*25. Mai*]

*Von der ersten Ähre des Roggens bis zu dessen Blüte. Von der Tulpe bis zum Scharfen Mauerpfeffer.*

VI

## GROSSIFICATIONIS

Der Fruchtmonat

[*20. Juni*]

*Während der gesamten Blüte des Scharfen Mauerpfeffers. Von der Gelben bis zur Braunroten Taglilie.*

VII

## MATURATIONIS

Der Reifemonat

[*16. Juli*]

*Von der Weißen Fetthenne bis zum Teufelsabbiss.*

VIII

## MESSIS

Der Erntemonat

[*4. August*]

*Vom Teufelsabbiss bis zur Herbstzeitlose.*

IX

## EXSOLATIONIS

Der Saatmonat

[*28. August*]

*Von der ersten Blüte der Herbstzeitlose bis zum Aufbruch der Schwalben.*

X

## DEFOLIATIONIS

Der Monat des Laubfalls

[*22. September*]

*Vom Fall der ersten Blätter bis zur gänzlichen Entblätterung aller Bäume.*

XI

## CONGELATIONIS

Der Frostmonat

[*28. Oktober*]

*Vom Fall der letzten Blätter bis zur letzten grünenden Pflanze.*

XII

## BRUMALIS

Der sich neigende Wintermonat

[*5. November*]

*Von der letzten grünenden Pflanze bis zur Wintersonnenwende.*

# VORWORT

*Edvard Koinberg*

Wenn man täglich eine gewisse Zeit mit seinen Pflanzen verbringt, beginnt man zu sehen, dass sie ein eigenes Leben haben, das dem unseren nicht ganz unähnlich ist. Sie werden geboren, altern und sterben, und sie reproduzieren sich während ihres kurzen Lebens auf der Erde. Auch die Sexualität der Pflanzen ist der unseren nicht unähnlich, und die Befruchtung einer Pflanze stimmt in mehrfacher Weise mit unserer menschlichen überein. So groß sind die Unterschiede in der Natur nicht.

Im Jahr 1999 begann ich das Projekt, aus dem dieses Buch hervorgegangen ist, und bei dem Carl von Linné die ganze Zeit im Zentrum gestanden hat. Als ich zum ersten Mal Carl von Linnés Texte über die Sexualität der Pflanzen las, war ich verblüfft über seine Einsichten und seine poetische Sprache. Er war wirklich modern und keineswegs prüde. Der Ausgangspunkt meiner Bilder war der Gedanke, dass die Pflanzen und ihre Sexualität aus dem Dunkel in ihr eigenes Licht hinaustreten sollten.

Die eigentliche Voraussetzung für dieses Projekt war der Garten bei meinem Sommerhaus in Uppland, der gleichen Landschaft, in der Carl von Linné lebte und wirkte. Die meisten Pflanzen des Buchs kommen auch von dort.

Mein Ziel war es, Pflanzen zu sammeln und zu fotografieren, die Linné benannt hatte und die in Uppland gewöhnliche, beliebte Gartenpflanzen sind. Die Sammlung wuchs monatlich um einige Bilder und führte unter anderem zu diesem Buch. Eine kleine Auswahl der Bilder ist seit 2003 an ungefähr 40 Orten in 20 Ländern gezeigt worden. Dass eine Ausstellung dieser Art eine so große Öffentlichkeit erreichte, ist ein wenig überraschend, aber selbstverständlich auch stimulierend und verweist auf das große Interesse an Linné und am Leben der Pflanzen weltweit.

Den Gedanken, ebenso viele Pflanzen zusammenzubekommen, wie Linné in seiner Sammlung hatte, musste ich aufgeben, als ich erkannte, dass er bei seinem Tod ein Herbarium mit fast 20 000 Pflanzen hinterließ. Aber ich sammle eifrig weiter.

# DER MANN, DER DIE BLUMEN LIEBTE

*Henning Mankell*

In einer Sommernacht vor mehr als 40 Jahren ging ich an der Statue Carl von Linnés in der Universitätsstadt Lund vorbei. Ich blieb stehen, pflückte eine Blume in einem Beet und steckte sie zwischen die Finger der Statue. Das war eine unserer ersten Begegnungen.

Später bin ich immer wieder mit dem Namen und dem Ruf Linnés konfrontiert worden. Meine Gespräche mit Menschen in den entlegensten Ländern zeigen oft, dass Schweden in der weiten Welt eine nahezu unbekannte Größe ist. Aber wer Carl von Linné ist, das weiß man! Der Mann mit dem Sexualleben der Blumen!

Dass Linné ein System schuf, um Ordnung in die Pflanzenwelt zu bringen, wissen die meisten. Er organisierte, benannte und schuf ein detailliertes System, das es bis dahin nicht gegeben hatte. Von seinem erhabenen Platz als Professor und lebende Legende in Uppsala sandte er junge, begabte Kuriere in verschiedene Teile der Welt aus. Hätte er eine Weltkarte an seiner Wand gehabt – was er nicht hatte –, hätte er alle Kontinente mit Nadeln bestücken können. Die von ihm ausgesandten Kuriere kamen nach Südafrika wie nach Spitzbergen, zu den Eingeborenen Südamerikas und nach China. Wenn er außerdem noch eine Schwedenkarte gehabt hätte, wären die Nadeln auf ihr noch zahlreicher gewesen. Man weiß nicht genau, wie viele Schüler er hatte. Aber sie waren überall, als Ärzte, Geistliche oder Lehrer in allen Provinzen. Und sie arbeiteten weiter in seinem Geiste und schickten die Ergebnisse ihrer Forschungen an den in Uppsala residierenden Meister. Da saß er wie die Spinne im Netz und sammelte ein, was die Studenten ihm schickten. Von Linné ging eine bedeutende Literatur aus, nicht nur die von ihm selbst verfasste, sondern auch die all derer, die ihr grundlegendes Wissen von ihm bezogen hatten und von ihm inspiriert waren.

Möglicherweise hat er davon geträumt, selbst einmal zu all jenen Orten reisen zu können, zu denen er im späteren Leben seine Schüler aussandte. Aber von seinen umfassenden Reisen in Schweden abgesehen, musste er sich damit begnügen, einige Jugendjahre in den Niederlanden zu verbringen. Dort wurde er auch promoviert – in Medizin –, mit einer Doktorarbeit über die Malaria. Erst später, als er nach Uppsala zurückgekehrt war und eine Professur bekommen hatte, konnte er sich hauptamtlich seinen botanischen Forschungen widmen.

Schon bevor er in die Niederlande zog, hatte er seine vielleicht bekannteste Reise gemacht, die ihn ins schwedische Lappland führte, und deren wissenschaftliches Ergebnis, *Flora lapponica*, im Jahr 1737 veröffentlicht wurde. Sein großes Reisetagebuch wurde jedoch erst im 19. Jahrhundert gedruckt. In den Jahren 1733 und 1734 bereiste er Dalarna, wo er auch seiner späteren Ehefrau, einer Arzttochter namens Sara Elisabeth begegnete. Weitere Reisen brachten ihn weit herum in den geografischen und sozialen Landschaften Schwedens, und seine Reisetagebücher sind dank seiner scharfsinnigen Beobachtungen und seiner oft verräterisch lustigen Sprache immer noch lesenswert.

Nachdem er sich endgültig in Uppsala niedergelassen hatte, gab er sich große Mühe, seine Forschung mit den übrigen Aufgaben als Professor zu verbinden. Eifrig hielt er diejenigen seiner Studenten, die bereit waren, in die Welt hinauszugehen, dazu an, seltene Pflanzen zu sammeln und sie nach Uppsala zurückzusenden. Dort draußen erwarteten diese jungen Männer Krankheiten und Strapazen, und viele von ihnen kehrten nie wieder nach Hause zurück.

Einer der Bekannteren war Peter Forsskål. Als junger Mann hatte er mit einem Buch über die Meinungsfreiheit großes Aufsehen erregt, das die Obrigkeit ohne Erfolg zu unterdrücken versuchte. Er nahm später an einer Expedition teil, die der dänische König in „das glückliche Arabien“ entsandte. Dort, irgendwo im Jemen, starb Peter Forsskål an Malaria. Doch zuvor gelang es ihm, große Mengen an botanischen Funden nach Hause zu verfrachten. Er hatte sie in einem unfassbaren Tempo eingesammelt, da er von Anfang an wusste, dass er nicht mehr lange leben würde. Große Teile des von ihm gesammelten Materials wurden auf dem Weg nach Schweden oder bei der Ankunft aufgrund schlechter und unsachgemäßer Behandlung zerstört. Eine der Pflanzen, die überlebten, war eine widerstandsfähige Brennnessel, der Linné symbolisch den Namen *Forsskaolea tanacissima* gab.

Linné war ein in mancher Hinsicht sonderbarer Mann, und sein Leben verlief seltsam. Er wurde im Jahr 1707 geboren und wuchs auf einem Pfarrhof in Småland auf, in eben jener Landschaft, aus der im 19. Jahrhundert viele Menschen nach Amerika auswanderten, weil sie sich von den mageren, steinigen Äckern dort nicht ernähren konnten. Er wuchs in einem Schweden von solcher Armut auf, wie wir sie uns heutzutage kaum vorstellen können. Linnés materielle Voraussetzungen waren gering, aber seine große Begabung hatte sich schon im Alter von 20 Jahren gezeigt, und er erhielt finanzielle Unterstützung, um weiter zu studieren. Als er viel später, mit über 70 Jahren, einen Schlaganfall erlitt und in seiner Bewegungsfähigkeit eingeschränkt war, muss er viel über sein Leben nachgedacht haben. Wie weit er sich von dem ärmlichen Winkel des Landes, in dem er geboren worden war, entfernt hatte, geografisch und geistig. So weit entfernt von einer Welt, in der das Überleben nie selbstverständlich war, in der Missernten und Hunger eine ständige Bedrohung der armen Landbevölkerung darstellten.

Linné vergaß seine Herkunft nie. Wenn man von Linné spricht, darf man nie vergessen, dass er sein ganzes Leben hindurch, in diesem ganzen leidenschaftlichen Dasein mit harter Arbeit, Schreiben und Reisen, nach dem *Nützlichkeitsaspekt* bei allem suchte, was in der Natur wuchs. Wie konnte ein

Kraut genutzt werden, um eine bestimmte Krankheit zu heilen? Wie konnte Wissen aus dem Norden Schwedens oder vielleicht aus einem entlegenen Land an fernen Horizonten zu vermehrter Gesundheit unter armen Schweden beitragen? Konnte man Tee vielleicht mit Erfolg in Schweden anpflanzen? Gab es bisher unbekannte Wurzeln oder Früchte, die als menschliche Nahrung dienen und verhindern konnten, dass der ständig drohende Hunger von Neuem zuschlug?

Linné suchte das Wissen nie um seiner selbst willen. Er riet seinen Schülern stets, sich an jene Menschen zu halten, wie einfach sie auch sein mochten, die sich am besten in der Natur auskannten. Das waren die armen Bauern, die Fischer, nicht die Reichen, die in den Städten in ihren Palästen lebten. Um Ergebnisse zu erzielen, war harte Arbeit erforderlich und nicht selten die Bereitschaft, Strapazen auf sich zu nehmen. Man musste sich den Hintern auf Pferderücken wundreiten, in verlausten Betten schlafen, sich durch Schlamm und Kälte vorwärtsarbeiten. Und mit einfachen Menschen sprechen, mit denen man zugleich ihre ebenso einfache Kost teilte. Dann würden sie Vertrauen zu ihrem Gast gewinnen und ihn auch an ihrem Wissen über die Natur teilhaben lassen.

Linné war der rationale und gut organisierte Wissenschaftler. Aber auch bei ihm gab es einen spekulativen Zug, der mit zunehmendem Alter stärker wurde. Als Mensch der Aufklärung zögerte Linné nicht, sich auf neue Gebiete zu stürzen, die er erforschen wollte. Von Begrenzungen bei sich selbst wollte er nichts wissen. So kam er nicht immer zu den richtigen Schlussfolgerungen. Einer seiner bekanntesten Fehlschlüsse war wahrscheinlich die Auffassung, dass die Mauersegler in Schweden auf dem Grund der Seen überwinterten. Was seine religiöse Sicht des Daseins und der Schöpfung angeht, so war er davon überzeugt, dass es einen „rächenden Gott" gab, eine Nemesis divina, die Menschen schon im irdischen Leben für ihre Handlungen bestrafte.

Beim Betrachten der seltsam suggestiven Fotografien von Edvard Koinberg stellt sich sofort die Frage: Was hätte Linné davon gehalten?

Ich glaube, Linné hätte diese Bilder geschätzt. Nicht allein aufgrund ihres eigentümlichen ästhetischen Ausdrucks, sondern ebenso sehr, weil er wahrscheinlich das Unerwartete in einer Blume entdeckt hätte, die er zuvor unzählige Male studiert hatte. In diesen Bildern sehe auch ich das Gewohnte auf neue, unerwartete Weise.

Natürlich hätte Linné sich auch auf die verblüffenden Möglichkeiten der Kunst des Fotografierens gestürzt und eine Kamera auf die gleiche Art und Weise seziert wie eine Blume oder eine Kletterpflanze. Als er 1778 im Alter von 70 Jahren starb, sollten bis zu den frühesten Erfolgen in der Kunst des Fotografierens noch mehr als 50 Jahre vergehen.

Linné war ein Wissenschaftler, der, wohin er sich auch wandte, Aufgaben und Herausforderungen erblickte. Er suchte sein Wissen, wo es ihm zugänglich wurde. Er interessierte sich für alles, was mit der Natur zu tun hatte, nicht nur das Sexualsystem der Pflanzen und ihre Einteilung in Arten, sondern ebenso sehr, wie man beispielsweise in unterschiedlichen Teilen Schwedens Schlangenbisse behandelte.

Es ist bezeugt, dass Linné Reptilien verabscheute – Schlangen, Eidechsen, Frösche. Doch das bedeutete nicht, dass er das Wissen über diese Tiere ablehnte. Und der Nützlichkeitsaspekt war, wie gesagt, stets gegenwärtig. Der Schritt von der Beschreibung der schwedischen Kreuzotter zur Dokumentation verschiedener Rezepturen für die Behandlung von Schlangenbissen war nie weit.

Heute sind seit der Geburt Carl von Linnés mehr als 300 Jahre vergangen. Niemand in seiner Zeit hätte sich in seiner wildesten Fantasie die Welt vorstellen können, in der wir heute leben. Linné wusste nichts von Genen und DNA. Die Welt war noch, bis hinab zum kleinsten Insekt und zur unbedeutendsten Pflanze, die Schöpfung Gottes. Er war Wissenschaftler, aber auch Diener in einer Welt, die von einem Gott erschaffen worden war, der keine Zufälle gelten ließ. Es ging darum, das der Schöpfung innewohnende System, ihren Mechanismus zu erschließen.

Aber trotz aller späteren Entwicklung ist Carl von Linnés Arbeit von großer Bedeutung. Er legte den Grund für ein systematisiertes Wissen von der Natur, und es gibt viele, die glauben, das traditionell große Naturinteresse der Schweden verdanke sich zum Teil dem inspirierenden Beispiel Linnés. Es wäre natürlich eine romantische Ungereimtheit zu behaupten, er sei ein früher Vertreter einer bewussten ökologischen Natursicht. Viele der in der Natur herrschenden Zusammenhänge waren ihm und seinen Zeitgenossen gänzlich unbekannt. Aber der Nützlichkeitsaspekt, den er seiner wissenschaftlichen Arbeit zugrundelegte, beinhaltete auch die Einsicht, dass die Nutzpflanzen, die nicht gepflegt werden, auch nicht überleben können.

Carl von Linné trat wahrhaftig eine lange Reise an von dem armen Pfarrhof im steinigen Småland. Und diese Reise ist noch nicht beendet.

# LINNÉ, DER SYSTEMATIKER

*Tore Frängsmyr*

Wenn Wissen systematisiert wird, nennen wir es Wissenschaft. Wir sammeln empirisches Wissen, wir sortieren und ordnen es, und wir klassifizieren es. Das Gesamtergebnis dieses Prozesses macht die Wissenschaft aus. Für Carl von Linné war dies der eigentliche Kern der wissenschaftlichen Arbeit.

Linné lebte in einer Zeit, als die Systematik noch nicht besonders weit gediehen war. Seit seiner Kindheit war die Botanik sein großes Interesse, und auf sie spezialisierte er sich bei seinen Studien. Zu jener Zeit war die Botanik keine eigene Disziplin, sondern Teil der Medizin, weil man die meisten Heilmittel aus Pflanzen herstellte. Als Wissenschaft war die Botanik noch wildwüchsig, sie hatte keine klare Struktur. Die alten Kräuterbücher waren unübersichtlich. Ein Teil von ihnen ordnete die Pflanzen nach der Farbe, andere nach der Größe, wieder andere nach der Blütenkrone und der Frucht. Durch Entdeckungsreisen in fremde Länder nahm das Wissen über neue Pflanzen ständig zu, aber es war schwer, die neuen Pflanzen in den alten Systemen unterzubringen. Als der junge Linné sich mit diesen Problemen herumschlug, kam ihm der Gedanke, ein neues System zu entwickeln.

Bei verschiedenen Vorgängern hatte Linné gelernt, dass man den Pflanzen Sexualität zuschreiben konnte. Ihre Staubblätter mit den Pollen konnten als Entsprechungen zu den männlichen Geschlechtsorganen bei den Tieren betrachtet werden, und die Stempel mit ihren Fruchtstoffen als weibliche. Linné war 1728, erst 21 Jahre alt, nach Uppsala gekommen. Um Neujahr 1730 schrieb er seine Gedanken über das, was er das „Beilager der Blumen" nannte, in einem kleinen Aufsatz nieder und gab der Beschreibung einen poetischen Rahmen. Im Frühjahr, schreibt er, haucht die Sonne allen Körpern in der Natur Leben ein, auch die Blumen leben auf und genießen die Wonnen der Liebe. Es ist eine frische und lebendige Sprache; schon hier lässt Linné jene sprachlich-stilistische Kreativität erkennen, die einen so großen Einfluss auf die schwedische Literatur ausüben sollte.

In den folgenden Jahren entwickelte Linné seine Gedanken über die Sexualität der Pflanzen weiter und gab seine zusammenfassende Schrift über das System der Natur, *Systema naturae* (1735), heraus. Darin ging er von Befruchtungsorganen aus, Staubblättern und Stempeln. Er zählte die Staubblätter der Blüte, achtete auf ihre Anordnung und gelangte so zu einer Einteilung der Pflanzen in 24 Gruppen oder Klassen, die er wiederum nach bestimmten Merkmalen des Stempels in Untergruppen oder Ordnungen einteilte. Die Gliederung erfolgte also vom umfangmäßig Größeren hin zum Kleineren: Klassen, Ordnungen, Familien, Gattungen und Arten. Die zehn ersten Klassen umfassten Pflanzen mit ein bis zehn Fruchtblättern, zu den 13 folgenden gehörten Pflanzen mit verschiedenen Fruchtblätteranordnungen, die 24. Klasse enthielt blütenlose Pflanzen, Kryptogamen.

Auch in diesem wissenschaftlichen Klassiker entfaltete Linné seine poetische Sprache. Über die erste Klasse schreibt er beispielsweise, dass die Blüte in ihrer Ehe einen Mann habe, von der achten, dass es in der einen Brautkammer mit einer Frau acht Männer gebe. Über die vierte Klasse heißt es, dass sich in der Kammer vier Männer, zwei große und zwei kleine, zusammen mit der Braut befänden. Viele Zeitgenossen nahmen Anstoß an einer derartigen Sprache, doch Linné scheint sich diesbezüglich keine Sorgen gemacht zu haben; er liebte es, sich drastisch, ja zuweilen burlesk auszudrücken.

Linnés Klassifikation, sein Sexualsystem, setzte sich in der gelehrten Welt durch und verlieh der Botanik Ordnung. Später wurde das System durch die binäre Nomenklatur komplettiert, das heißt die Benennung aller Pflanzen mit zwei Namen, einem Vor- und einem Nachnamen. Vorher hatte man eine Pflanze durch die Angabe der Familie und eine lange Beschreibung identifiziert. Jetzt konnte man eine Pflanze durch zwei Wörter bestimmen. Das erste Wort gab die Gattung an (genus), das zweite die Art (species), zum Beispiel *Sinapsis arvensis* für Ackersenf. Dank der Leistung Linnés wurde die Botanik eine wissenschaftliche Disziplin mit einer ihr eigenen Sprache.

Linné war Systematiker in allem, was er tat; er war ein Ordnungsmensch. Bereits zu seinen Lebzeiten wurde der Ausspruch geprägt: Gott erschuf, Linné ordnete (*Deus creavit, Linnaeus disposuit*). Er selbst hätte dagegen sicher nichts einzuwenden gehabt. Er sah sich ein wenig als Gottes Auserwählten, der den Menschen die Absichten des Schöpfers erklären sollte. Ein bezaubernder Ausdruck seines Ordnungssinns war der Blumenkalender, den er zusammenstellte. Er sah das ganze Jahr im Licht der Blumen, wann sie Knospen bildeten, wann sie blühten und wie lange sie in Blüte standen. So wie die Astronomen den Lauf des Jahres an den Sternen ablesen konnten, so spiegelten die Blumen dem botanisch Gebildeten die verschiedenen Perioden des Jahresablaufs wider. „Man findet", schreibt er, „bei den Blumen eine exakte Ausmessung des Sommers, was um des Nutzens für die Haushaltung willen so ersehnt gewesen, und was man zuvor bei den Sternen vergebens gesucht." Richtet man sich nach einem solchen Blumenkalender, kann man dafür sorgen, dass die Pflanzen in den Beeten einander in der Blüte ablösen.

Die Systematik lag in der Zeit, man wollte das Wissen über die Natur ordnen. So wie Isaac Newton die Naturgesetze für die Physik systematisierte, so wollten Linné und seine Zeitgenossen Ordnung in die Naturgeschichte bringen. Linné wurde von seinen Vorgängern inspiriert und wurde selbst zum Anreger für andere. Er klassifizierte in *Systema naturae* auch die Tiere und die Minerale, doch hier waren die Ergebnisse nicht besonders überzeugend und setzten sich nicht durch. Auch die Krankheiten versuchte er, auf die gleiche vage Art und Weise zu klassifizieren. Viele seiner Kollegen unternahmen ehrgeizige Versuche, andere Naturerscheinungen zu klassifizieren. Sein Kollege in der Chemie, Johan Gottschalk Wallerius, kartierte in dem Buch *Hydrologia, eller watturiket* (*Hydrologia oder die Wasserwelt*, 1748) verschiedene Gewässerarten. Es kann nicht leicht gewesen sein, stehende Gewässer von schwach oder stark strömenden Gewässern, Bäche, Flüsse, Rinnsale systematisch zu unterscheiden. Aber das Beispiel zeigt, wie weit der Glaube an Ordnung und Systematik unter den Wissenschaftlern verbreitet war.

Linné stand inmitten der wissenschaftlichen Diskussion. Mit seinem Überblick und seinen fantastischen Detailkenntnissen war er wie geschaffen dafür, Wegweiser in der reichen Welt der Pflanzen zu werden.

*Die Blüten sind (somit) die eigentlichen Fortpflanzungsorgane der Pflanzen, unterscheiden sich jedoch dadurch von jenen der Tiere, dass wir die Fortpflanzungsorgane der letzteren als schändlich betrachten. Wir sind beschämt bei ihrem Anblick, weshalb die Natur die Sexualorgane der Tiere meist auf die eine oder andere Art und Weise verborgen hat. Doch in der Welt der Pflanzen sind diese Organe nicht versteckt, im Gegenteil, sie sind gemeinhin für alle sichtbar enthüllt!*
*Mehr als alle anderen Teile der Pflanze sind es die schönsten und lieblichsten, welche unsere Sorgfalt, unsere Zuneigung und unsere begierigen Augen erwecken.*

Sponsalia Plantarum, 1746

I

# GLACIALIS

Der auflebende Wintermonat

[*13. Dezember*]

*Von der Wintersonnenwende*
*bis zur Frühlings-Tagundnachtgleiche.*

II

# REGELATIONIS

DER MONAT DES AUFTAUENS

[*19. März*]

*Von der ersten Schneeschmelze*
*bis zum Hinabtreiben des Eises auf den Flüssen.*

*Die Beobachtung der Natur gibt einen*
*Vorgeschmack auf die himmlische Glückseligkeit,*
*die ewige Freude der Seele und den Anbeginn*
*ihrer völligen Wiedererweckung – sie bildet den*
*Höhepunkt allen menschlichen Glücks.*
*Durch die Teilhabe der Seele ist es, als ob der*
*Mensch aus bedrückender Erstarrung erwache*
*und in strahlendem Licht umherwandele,*
*sich selbst vergessend und sein Leben in einem*
*himmlischen Land verbringend – oder in einem*
*irdischen Himmel.*

De Curiositate Naturali, 1748

# III

# GERMINATIONIS

### Der Monat der Knospung

[*12. April*]

*Von der Wiederkehr der Bachstelze bis zur Ankunft der Schwalben.*
*Von der ersten Blüte bis zum Austreiben der ersten Bäume*
*und während der gesamten Blüte des Märzenbechers.*

IV

# FRONDESCENTIÆ

DER MONAT DES BLATTAUSTRIEBS

[*9. Mai*]

*Der Blattaustrieb aller Bäume,*
*von der Traubenkirsche bis zur Esche.*
*Von der Ankunft der Schwalben bis zu den Tulpen.*

*Im Frühling, wenn die liebliche Sonne sich unserem Zenit nähert, erweckt sie das Leben in allen lebendigen Dingen, die – vom kalten Winter unterdrückt – daniedergelegen haben. Seht, wie all die Vögel, die im Winter stille waren, zu singen und zu zwitschern beginnen! Seht, wie all die Insekten aus ihren Verstecken hervorkommen, in denen sie den Winter über halb tot gelegen haben! Seht, wie all die Pflanzen und Bäume, die im Winter welk waren, sich regen, sich aufrichten und ergrünen! Und selbst dem Menschengeschlecht wird neues Leben verliehen!*

Praeludia Sponsaliorum Plantarum, 1729

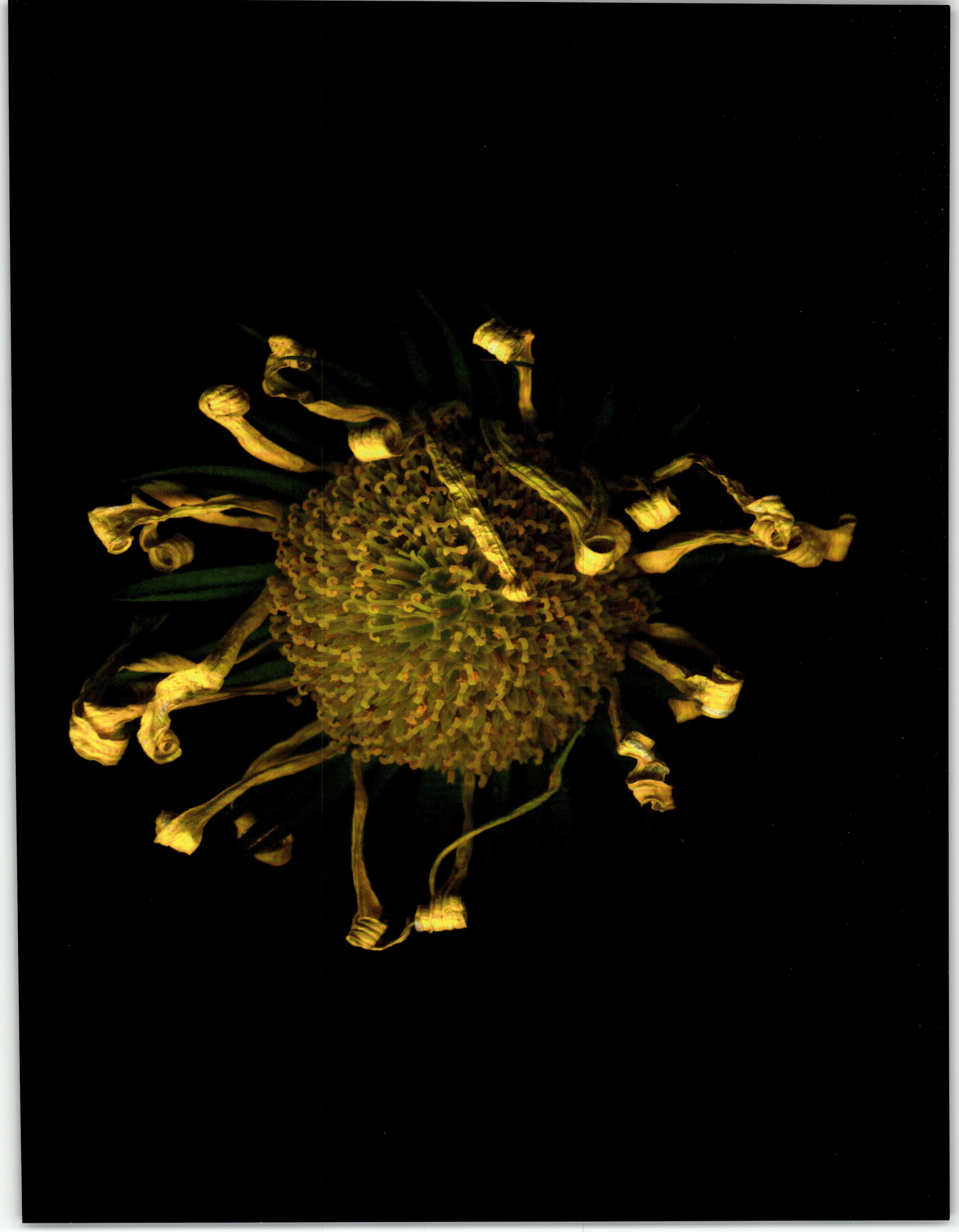

V

# FLORESCENTIÆ

Der Blumenmonat

[25. *Mai*]

*Von der ersten Ähre des Roggens bis zu dessen Blüte.*
*Von der Tulpe bis zum Scharfen Mauerpfeffer.*

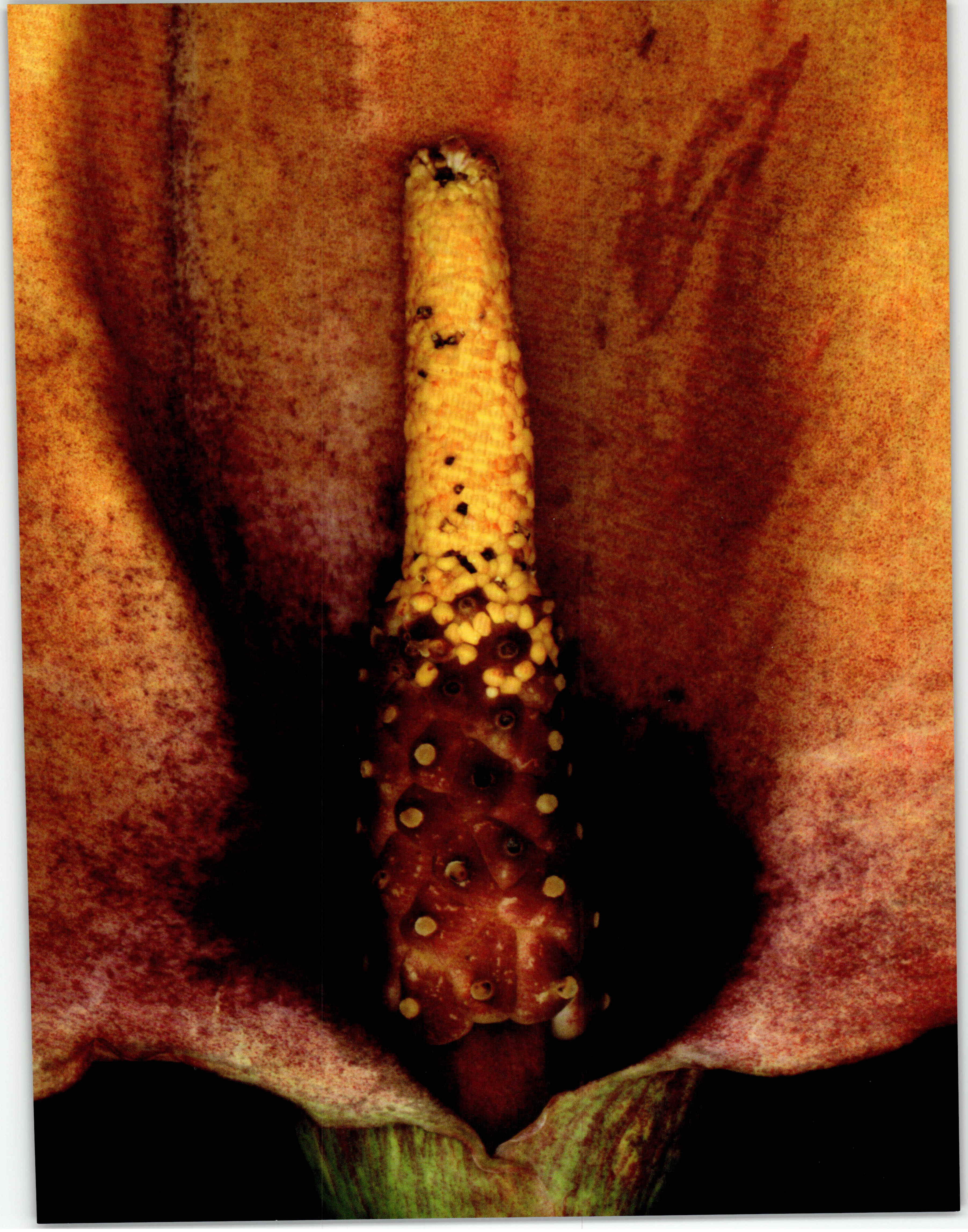

*Der Frühling ist die Zeit der Schönheit:*
*Alles erwacht zu neuem Leben und blüht auf*
*im Frühling. Und überall auf unserer Erde*
*sprudelt es über von den Freuden der Liebe.*

Calendarium Florae, 1756

*Die Kronblätter der Blüte tragen nicht eigentlich zur Zeugung bei. Vielmehr dienen sie als Brautbett, das der große Schöpfer so herrlich hergerichtet hat, üppig geschmückt mit kostbaren Bettvorhängen und mit vielerlei köstlichen Düften versehen, dass Bräutigam und Braut ihre Hochzeit mit umso größerer Festlichkeit begehen können.*

Praeludia Sponsaliorum Plantarum, 1729

VI

# GROSSIFICATIONIS

DER FRUCHTMONAT

[20. *Juni*]

*Während der gesamten Blüte des Scharfen Mauerpfeffers.*
*Von der Gelben bis zur Braunroten Taglilie.*

*Vaillant erklärt den Teil der Blüte wie folgt: Er nennt die kleine zarte Frucht den Eierstock, da er dieselbe Aufgabe erfüllt wie der Eierstock bei den Tieren, nämlich all die Samen oder Eizellen in sich einzuschließen, die er selbst hervorbringt. Der Teil des Griffels oder Stempels wird hier* tuba *(Eileiter) genannt, wegen der Übereinstimmung mit dem Eileiter im Tierreich. Er nennt all die Blüten, die einen Eierstock mit einem Eileiter haben, Frauen, da dies tatsächlich die weiblichen Geschlechtsorgane sind.*
*In seinem Werk werden auf der anderen Seite diejenigen als Männer bezeichnet, die Staubblätter und -beutel besitzen, und er nennt die Staubblätter Samengefäße und die Staubbeutel Hoden, da durch sie der Pollen ausströmt – also jenes Pulver, das von den Hoden ausgeschieden wird, wenn sie reif sind. Der Pollen ist eine Entsprechung für die Samenflüssigkeit, welche die Eizellen befruchtet. Die Eizellen sind die Samen, da sie die gesamte Grundlage der zukünftigen Pflanzen enthalten.*

Praeludia Sponsaliorum Plantarum, 1729

*Auf den Blüten kann man sehen, wie zu der Zeit, da der Pollen aus den Hoden ausgeschieden wird, auch der Eileiter beständig auf der Höhe seines Erblühens ist. Doch sobald die Hoden ihren Dienst erbracht und ihr Sperma bereitgestellt haben, welken sie dahin mitsamt ihren Samengefäßen und fallen – mithin nutzlos – herab.*

Praeludia Sponsaliorum Plantarum, 1729

*Die Kelchblätter sind genau das Bett, in dem die Staubblätter und der zeptergleiche Stempel zusammenkommen. Die Staubfäden sind die Samenleiter, der Griffel der Muttermund oder die Scheide, der Fruchtknoten der Eierstock, die Fruchtwand der befruchtete Eierstock und der Samen das Ei.*

Sponsalia Plantarum, 1746

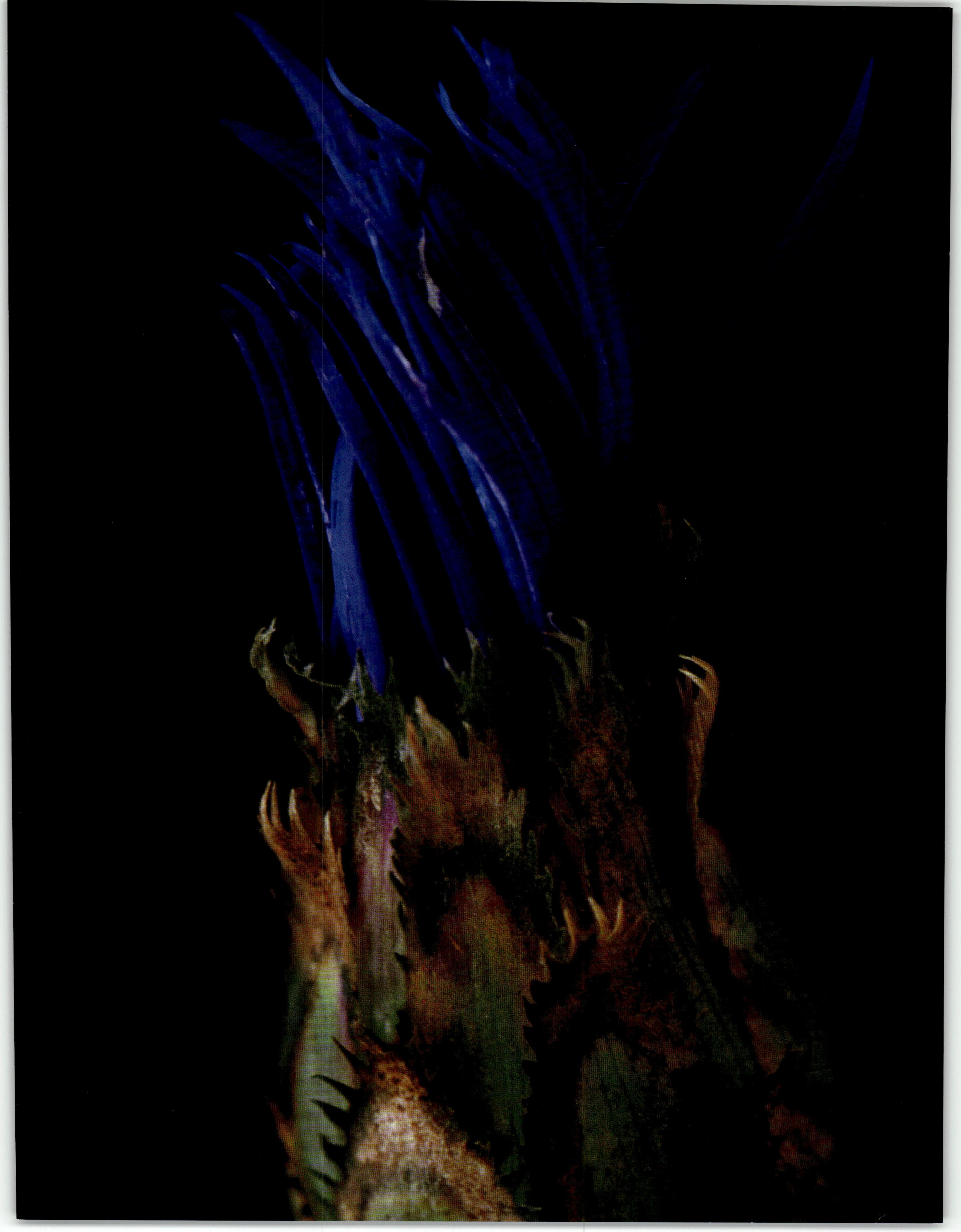

*In der Tat, die Liebe erfasst sogar die Pflanzen, unter denen Männer und Frauen, und auch die Hermaphroditen, Hochzeit halten. Und genau dies möchte ich nun anhand der Genitalien der Pflanzen selbst darlegen und zeigen: Welche Männer sind, welche Frauen und welche Hermaphroditen.*

Praeludia Sponsaliorum Plantarum, 1729

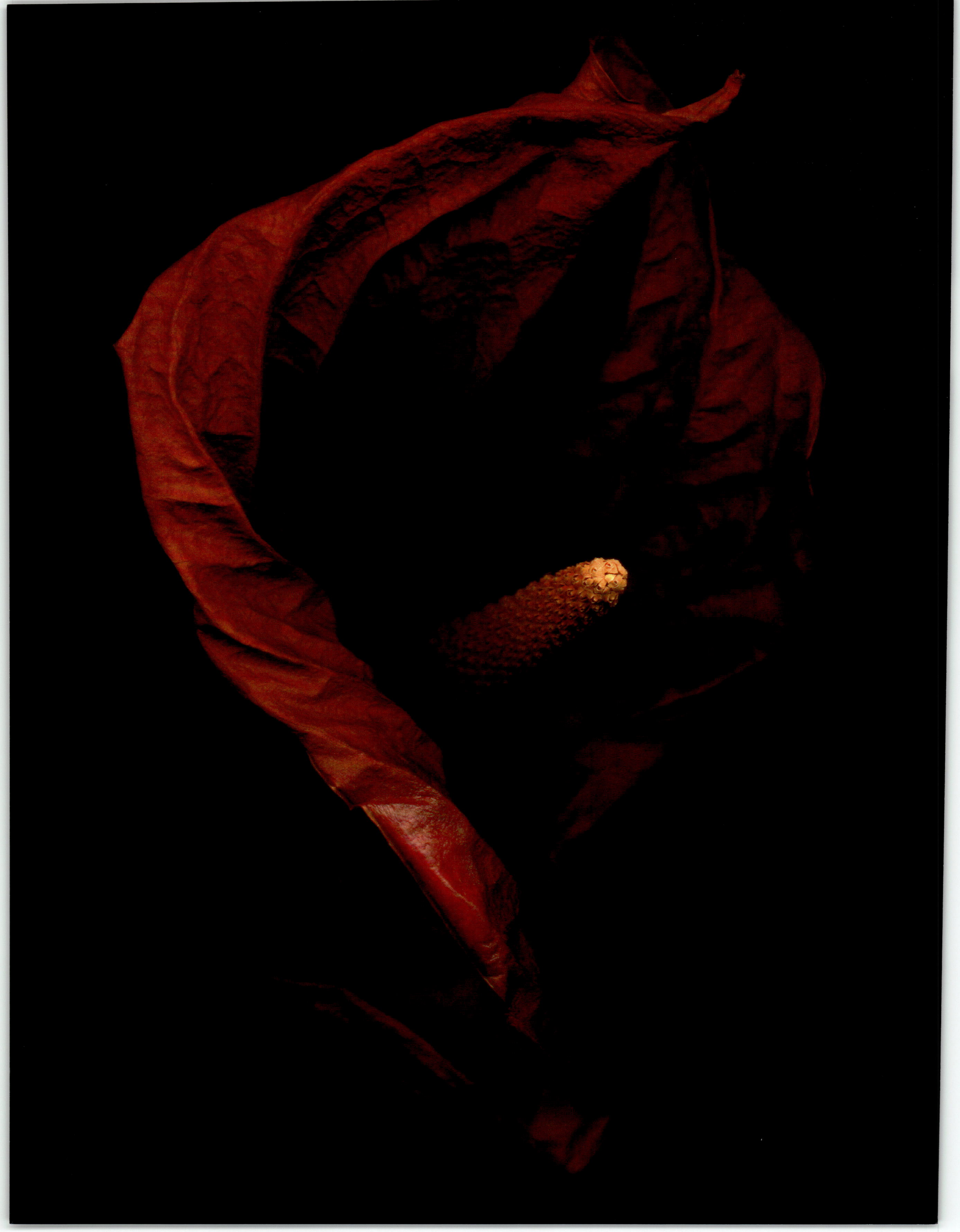

VII

# MATURATIONIS

DER REIFEMONAT

[*16. Juli*]

*Von der Weißen Fetthenne*
*bis zum Teufelsabbiss.*

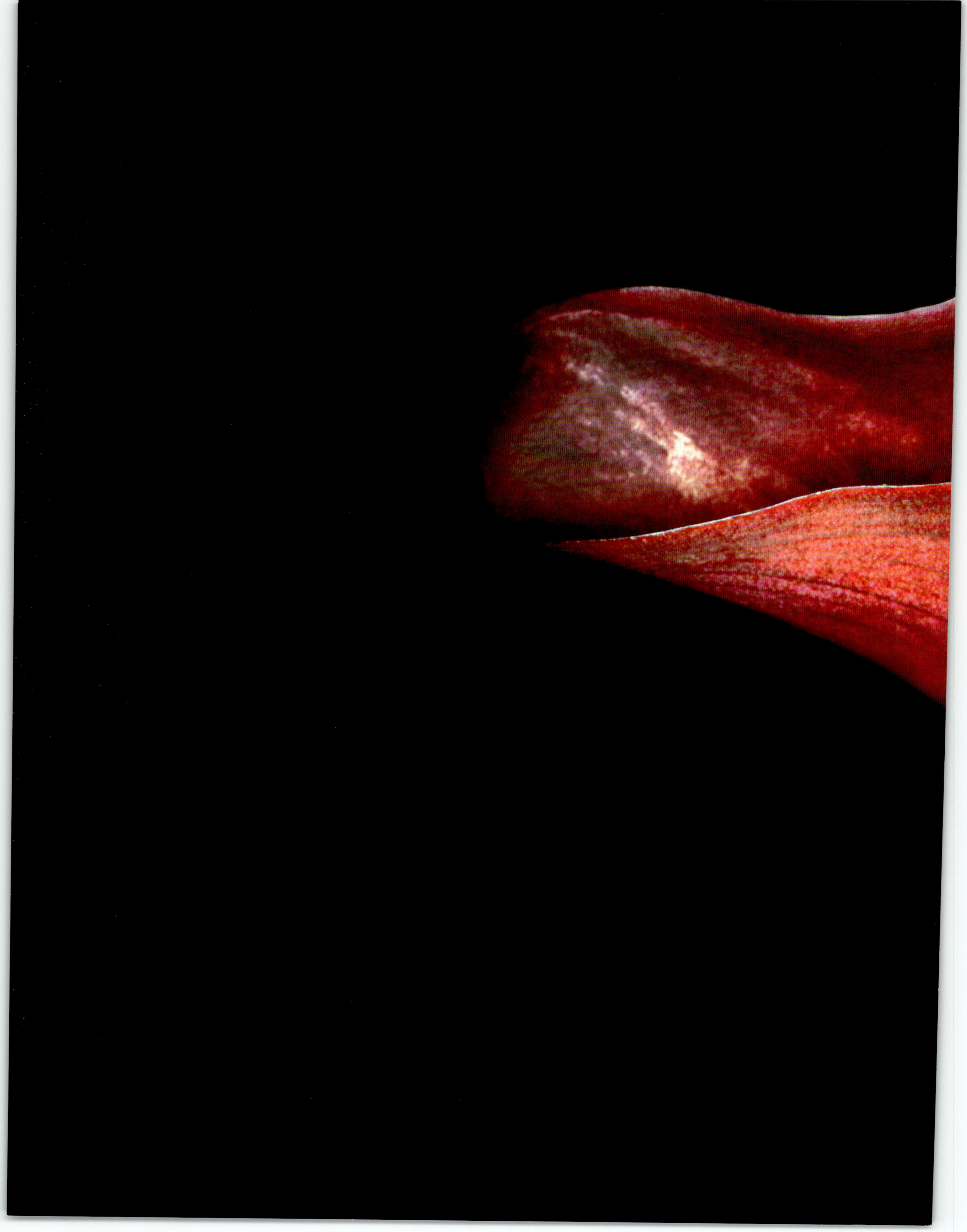

*Wie die Fortpflanzungsorgane der Tiere zur Brunst riechen und stinken, so geben auch jene der Blumen und Pflanzen einen Geruch von sich, alle verschieden, doch die meisten davon so köstlich duftend und einige so erfrischend, dass wir glauben, unsere Nasen hätten den süßesten Nektar eingeatmet.*

Sponsalia Plantarum, 1746

*Die Staubbeutel sind immer dergestalt angelegt, dass der Pollen, oder ihr besonderer Samen, auf das Zepter oder Geburtsorgan der Frau fallen kann – weshalb entweder die Staubblätter das Zepter oder den Stempel umgeben, wie es bei den meisten Blüten der Fall ist; oder, wenn das Zepter in Richtung der Oberseite der Blüte geneigt ist, die Staubblätter dies entsprechend erwidern wie bei den Hermaphroditen. Doch wenn das Zepter gebogen ist, neigen die Männer sich ihm entsprechend zu.*

Sponsalia Plantarum, 1746

VIII

# MESSIS

Der Erntemonat

[*4. August*]

*Vom Teufelsabbiss bis zur Herbstzeitlose.*

*Wenn man wissen möchte, ob eine Pflanze männlich oder weiblich ist, muss man ihre Fortpflanzungsorgane untersuchen. Wir alle wissen, dass auf die Blüte die Frucht folgt, und dass die Frucht die wirkliche Nachkommenschaft darstellt. Keine Frucht entsteht ohne vorherige Blüte, und kein Embryo entsteht im Tierreich ohne vorherige Vereinigung. Wenn somit die Blüte eine unfehlbare Voraussetzung für die Frucht darstellt, so wie es männliche und weibliche Genitalien für den Embryo sind, folgt notwendigerweise, dass in der Blüte die eigentlichen Fortpflanzungsorgane sein müssen, welche dort die männlichen und weiblichen Aufgaben erfüllen.*

Praeludia Sponsaliorum Plantarum, 1729

IX

# EXSOLATIONIS

Der Saatmonat

[*28. August*]

*Von der ersten Blüte der Herbstzeitlose*
*bis zum Aufbruch der Schwalben.*

X

# DEFOLIATIONIS

DER MONAT DES LAUBFALLS

[*22. September*]

*Vom Fall der ersten Blätter*
*bis zur gänzlichen Entblätterung aller Bäume.*

*Einige Blüten werden von Liebe getrieben, ihre Narbe weit zu öffnen, wie ein wilder Drache, verlangend nach nichts anderem als dem Pollen des Staubblatts. Sobald sie befriedigt sind, schließen sie ihre Narbe und bringen schließlich umso mehr Frucht hervor.*

Sponsalia Plantarum, 1746

XI

# CONGELATIONIS

DER FROSTMONAT

[*28. Oktober*]

*Vom Fall der letzten Blätter*
*bis zur letzten grünenden Pflanze.*

XII

# BRUMALIS

DER SICH NEIGENDE WINTERMONAT

[5. *November*]

*Von der letzten grünenden Pflanze*
*bis zur Wintersonnenwende.*

# PFLANZEN-BESCHREIBUNGEN

# UMSCHLAG und EINLEITUNG

PFINGSTROSE
*Paeonia-Hybrid*

VI – GROSSIFICATIONIS [*20. Juni*]
„Die Kronblätter der Blüte tragen nicht eigentlich zur Zeugung bei. Vielmehr dienen sie als Brautbett, das der große Schöpfer so herrlich hergerichtet hat …", sagte Carl von Linné. – Wie Bettlaken und Kissen hüllen die Blütenblätter der *Pfingstrose* ihre Staub- und Fruchtblätter ein.

RUDBECKIE
*Rudbeckia hirta*

X – DEFOLIATIONIS [*22. September*]
Wie lodernde Flammen umgeben die auffälligen Strahlenblüten der *Rudbeckie* den dunklen, von zahllosen Röhrenblüten gebildeten Kegel in der Mitte des Blütenkörbchens. Diese Röhrenblüten sind zwar klein und unscheinbar gefärbt, lassen aber beim Aufblühen ihren leuchtend gelben Pollen erkennen.

PFINGSTROSE
*Paeonia-Hybrid*

VI – GROSSIFICATIONIS [*20. Juni*]
*Pfingstrosen* gelten in China als Symbol von Reichtum und erfüllter Liebe – und präsentieren dementsprechend auch offenherzig ihre Geschlechtsorgane in Form von üppigen Staub- und Fruchtblättern.

SCHMUCKKÖRBCHEN
*Cosmos bipinnatus*

VI – GROSSIFICATIONIS [*20. Juni*]
Die geschlossenen Knospen des *Schmuckkörbchens* erinnern an kleine Knöpfe. In diesem Zustand sind die äußeren Zungenblüten der Blütenkörbe noch richtiggehend ledrig und über den inneren Blüten zusammengefaltet, um diese vor Beschädigung zu schützen.

PFINGSTROSE
*Paeonia-Hybrid*

VI – GROSSIFICATIONIS [*20. Juni*]
Die reifen Staubgefäße der *Pfingstrose* streuen ihren Pollen in großen Mengen aus und locken dadurch verschiedene Insekten an.

PFINGSTROSE
*Paeonia-Hybrid*

VI – GROSSIFICATIONIS [*20. Juni*]
Inmitten der Blüte der *Pfingstrose* sind ihre intensiv roten Fruchtblätter zu erkennen. Die Staubblätter liegen kranzförmig darum angeordnet, sind bei dieser Zuchtform jedoch zu rosafarbenen Bändern umgewandelt und gleichen somit eher den eigentlichen Blütenblättern.

SIBIRISCHER BLAUSTERN
*Scilla siberica*

III – GERMINATIONIS [*12. April*]
In den nickenden Blüten des *Sibirischen Blausterns* strecken sich die Staubblätter eventuellen Besuchern aus dem Insektenreich entgegen, um ihnen ihren Pollen mit auf den Weg zu geben.

AKELEI
*Aquilegia vulgaris*

VI – GROSSIFICATIONIS [*20. Juni*]
Wie weiche Kissen umgeben die zartrosa Blütenblätter einer gefüllten *Akelei* Narbe und Staubblätter. Linnés Vergleich der Blütenhülle mit einem Brautbett, in dem sich Braut und Bräutigam miteinander vereinen, wird hier ganz augenfällig.

TULPE
*Tulipa-Hybrid*

V – FLORESCENTIÆ [*25. Mai*]
Einzelne Tulpenzwiebeln von ausgefallenen Sorten wechselten während des Tulpenfiebers für horrende Summen den Besitzer, sodass der Erwerb eines gemalten Tulpenstilllebens oftmals billiger war als der einer echten *Tulpe*.

# 1 – GLACIALIS

[*13. Dezember*]

### Akelei
*Aquilegia vulgaris*

Im Dezember hat der Wind die Samen der *Akelei* schon längst aus den Fruchtblättern geschüttelt, die leer und vertrocknet zurückbleiben.

### Schlüsselblume
*Primula veris*

In den verdorrten Blütenkelchen der *Schlüsselblume* verbergen sich die Samenkapseln, deren Inhalt der Wind im Lauf des Herbstes in der Umgebung verstreut.

### Grosse Sterndolde
*Astrantia major*

Durch Hüllblätter geschützt, können die Früchte der *Großen Sterndolde* lange Zeit an der Pflanze überdauern. Streifen jedoch Tiere nah genug daran vorbei, bleiben die Früchte mit ihren Widerhaken in deren Fell hängen und werden fortgetragen.

### Grosse Sterndolde
*Astrantia major*

Auch wenn im Winter kaum eine Pflanze blüht, können die Überbleibsel des Sommers trotzdem noch recht reizvoll aussehen. Die einstmals aufrecht stehenden Hüllblätter der *Großen Sterndolde* hängen nun wie kleine Glocken an den mittlerweile verrotteten Stielen herab.

### Lavendel
*Lavandula angustifolia*

Die vertrockneten Fruchtstände des *Lavendels* lassen den bezaubernden Duft seiner Blüten nur noch erahnen. Das ätherische Öl des *Lavendels* ist ein Grundbestandteil zahlreicher Parfüms. Er wird deshalb im Süden Frankreichs angebaut und färbt dort im Frühsommer ganze Landstriche violett.

# II – REGELATIONIS

*[19. März]*

## WEINROSE
*Rose rubiginosa*

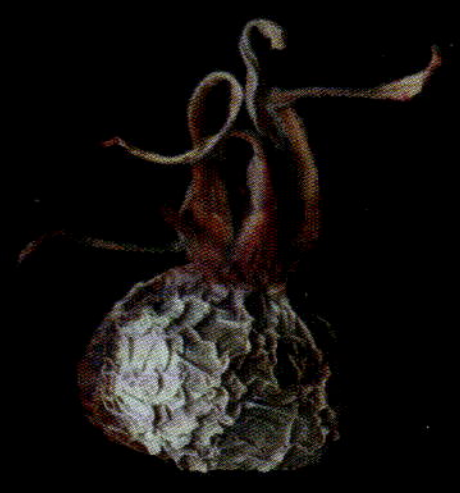

Gegen Ende des Winters finden sich noch einige vertrocknete Hagebutten an den Sträuchern der *Weinrose*, deren Laub an heißen Sommertagen intensiv fruchtig duftet.

## STECHAPFEL
*Datura stramonium*

Seine mit zahllosen Stacheln bewehrten Früchte haben dem *Stechapfel* seinen Namen gegeben, doch wie bei vielen anderen Nachtschattengewächsen ist die gesamte Pflanze stark giftig. Seine halluzinogene Wirkung machte man sich schon in der Antike zunutze, und in mittelalterlichen Hexensalben war der *Stechapfel* ein unumgänglicher Bestandteil.

## SCHLAFMOHN
*Papaver somniferum*

Auf der Samenkapsel des *Schlafmohns* ist die sternförmige Narbe der Blüte noch gut zu erkennen. Durch Anritzen der halbreifen Kapseln tritt ein Milchsaft aus, der in getrocknetem Zustand als Opium zweifelhafte Berühmtheit erlangt hat. Die Mohnsamen selbst hingegen sind als Zutaten bei Mohnbrötchen und anderen Backwaren jedermann vertraut.

## SCHNEESTOLZ
*Chionodoxa luciliae*

Der *Schneestolz* erhielt seinen Namen aufgrund der frühen Blütezeit. Seine blau-weißen Blütensterne zeigen sich zuweilen schon inmitten einer geschlossenen Schneedecke. Ursprünglich in den Gebirgen der Türkei beheimatet, ist diese Art mittlerweile als Gartenpflanze beliebt und weit verbreitet.

## SCHNEEGLÖCKCHEN
*Galanthus nivalis*

Das *Schneeglöckchen* bricht mit seinen weißen Blütenglocken oftmals schon im Spätwinter durch den Schnee. Da um diese Jahreszeit jedoch noch keine geeigneten Bestäuber wie Bienen oder Hummeln unterwegs sind, bestäubt sich das *Schneeglöckchen* häufig selbst – eine Art der Fortpflanzung, die Linné noch für das gesamte Pflanzenreich angenommen hat.

# III – GERMINATIONIS

[*12. April*]

### Frühlingskrokus
*Crocus vernus*

Im Zentrum der halbgeöffneten Blüte des *Frühlingskrokus* ist die Narbe an ihrer leuchtend orangen Farbe zu erkennen. Bei einer verwandten Art, dem Safran, stellen die getrockneten Narben nebenbei ein kostbares Gewürz dar.

### Krokus
*Crocus-Hybrid*

Die tief im Erdboden verborgenen Zwiebeln des *Krokus* treiben im Frühjahr violette Blüten, die sich mittels ihrer langen Blütenröhre über den Boden erheben. Aus dieser Blütenröhre ragen dann die eigentlichen Fortpflanzungsorgane der Blüte hervor: drei Staubbeutel und die dreigeteilte Narbe, allesamt leuchtend orange gefärbt.

### Frühlingskrokus
*Crocus vernus*

Die Narbe des *Frühlingskrokus* wird von Bienen oder anderen Insekten bestäubt, wenn diese von einer anderen Blüte Pollen mitgebracht haben. Die Narbe nimmt so den männlichen Pollen auf, durch den die weiblichen Samenanlagen befruchtet werden.

### Bergahorn
*Acer platanoides*

Im Frühling brechen die Knospen des *Bergahorns* auf, die im Lauf des Winters die für das kommende Jahr angelegten Blätter und Blüten geschützt haben.

### Bergahorn
*Acer platanoides*

Die jungen Blätter des *Bergahorns* entfalten sich rasch, und die frisch-grünen Blütenstände breiten sich aus, um von den ersten Bienen und Fliegen des Jahres besucht und bestäubt zu werden.

### Bergahorn
*Acer platanoides*

Die jungen Blütenstände des *Bergahorns* werden in der Knospe von mehreren Schichten schützender Schuppen umgeben. Während die äußeren Schuppen glatt und rot gefärbt sind, weisen die inneren zum Schutz vor Kälte und Austrocknung einen bräunlichen Pelz auf.

### Rhabarber
*Rheum rhaponticum*

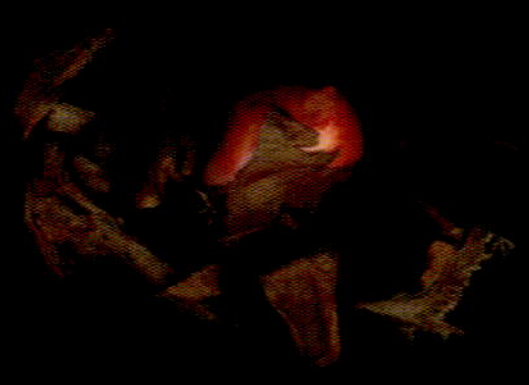

Im Frühjahr schwellen die feuerroten Knospen des *Rhabarbers* rasch an und brechen durch das tote Laub des Vorjahres. Den rauen Winter hat der *Rhabarber* als Wurzelstock überdauert, tief im Erdreich vor Sturm und Kälte geschützt und unseren Blicken entzogen.

### Amaryllis
*Hippeastrum-Hybrid*

Die feuerroten Blüten der *Amaryllis* gleichen Trompeten, aus denen die gebogenen Staubblätter und der sogenannte Stempel weit herausragen, um die Bestäubung zu erleichtern. Die sechs Staubblätter bestehen aus dünnen Stielchen, den sogenannten Staubfäden, auf denen die gelben Staubbeutel mit dem Pollen sitzen.

### Amaryllis
*Hippeastrum-Hybrid*

Der Stempel der *Amaryllis* ist ähnlich lang wie die Staubfäden, an seiner Spitze befindet sich jedoch die weißliche, dreigeteilte Narbe.

### Strahlenanemone
*Anemone blanda*

Die Blütenhülle der *Strahlenanemone* besteht aus vielen Einzelblättern, die sternförmig angeordnet sind und bläulich weiß bis tiefblauviolett gefärbt sein können. In der Mitte der Blüte sind die männlichen Sexualorgane gut zu erkennen: Auf den dünnen Stielchen der zahlreichen Staubblätter sitzen die gelben Staubbeutel, die den Blütenstaub oder Pollen der Pflanze enthalten.

### Küchenschelle
*Pulsatilla vulgaris*

Der gelbe Kranz der Staubblätter umrahmt die zahlreichen Fruchtknoten der *Küchenschelle*. Diese wunderschöne, aber hochgiftige Pflanze erhielt ihren Namen aufgrund der Glockenform ihrer violetten Blüten, die an eine Kuhschelle erinnern – oder in der Verkleinerungsform eben an eine „Kühchen-Schelle".

### Iberische Frühlingsanemone
*Anemone palmata*

Bei den gelben Blüten der *Iberischen Frühlingsanemone* sind inmitten der männlichen Staubblätter auch die weiblichen Sexualorgane zu sehen. In den grünen Fruchtblättern werden nach erfolgreicher Befruchtung die Samen heranreifen.

### Sibirischer Blaustern
*Scilla siberica*

Trotz seines Namens stammt dieser *Blaustern* nicht aus Sibirien, sondern aus den Wäldern Kleinasiens und des Kaukasus.

### Primel
*Primula-Hybrid*

Die *Primel* oder *Schlüsselblume* ist eine altbekannte Heil- und Gartenpflanze, aus der im Lauf der Jahrhunderte unzählige Ziersorten in den verschiedensten Farben herausgezüchtet wurden. Bei der abgebildeten Sorte umgibt ein gelber Schlund die Öffnung der Blütenröhre, in der die Fortpflanzungsorgane verborgen sind.

### Puschkinie
*Puschkinia scilloides*

Der dichte Blütenstand der *Puschkinie* lässt ihre Verwandtschaft mit den *Hyazinthen* gut erkennen. Während die weißen, zartblau gestreiften Blütensterne einzeln eher unauffällig erscheinen, erregen sie in ihrer Gesamtheit leicht die Aufmerksamkeit möglicher Bestäuber.

### Salweide
*Salix caprea*

Aufgrund ihrer pelzigen Erscheinung sind die männlichen Blütenstände der *Salweide* als „Weidenkätzchen" bekannt. Wie andere Vertreter ihrer Gattung ist auch die *Salweide* zweihäusig, es gibt also männliche und weibliche Pflanzen, die jeweils entweder nur Blüten mit Staubblättern oder ausschließlich solche mit Fruchtknoten ausbilden.

### Hopfen
*Humulus lupulus*

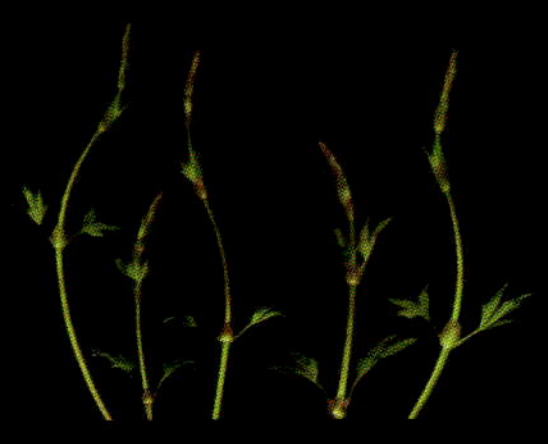

Der *Hopfen*, eine in Auwäldern wild wachsende Schlingpflanze, ist den meisten in flüssiger Form gut bekannt: Die würzigen Blütenstände des weiblichen *Hopfens* sind ein unverzichtbarer Bestandteil des Biers. Männliche Hopfenpflanzen werden nicht zum Brauen verwendet, doch bei beiden Geschlechtern kann man den frischen Frühjahrsaustrieb wie Spargel zubereiten.

# IV – FRONDESCENTIÆ

[9. *Mai*]

## LEBERBLÜMCHEN
*Hepatica nobilis*

Das *Leberblümchen* ist mit den *Anemonen* und der *Küchenschelle* verwandt und besitzt wie diese eine große, nicht genau festgelegte Anzahl von Staub- und Fruchtblättern. Schon in Linnés System des Pflanzenreichs, das auf der Zahl und Anordnung der Sexualorgane fußt, wurden *Leberblümchen*, *Anemonen* und *Küchenschellen* in der Gruppe der *Polyandria Polygynia* zusammengefasst, also der „Vielmännig-Vielweibigen".

## DICHTERNARZISSE
*Narcissus poeticus*

Zu den beliebten Frühjahrsblühern unserer Gärten gehört auch die *Dichternarzisse*. Ihre weißen Blütenblätter sind am Grund verwachsen und bilden einen dekorativen und stark duftenden Kranz aus, der die Öffnung der Blütenröhre umgibt.

## DICHTERNARZISSE
*Narcissus poeticus*

Aus dem Schlund der *Dichternarzisse* ragen drei ihrer sechs Staubblätter hervor, während die übrigen drei tiefer im Inneren der Blüte verborgen sind.

## NARZISSE
*Narcissus pseudonarcissus*

In der griechischen Mythologie war *Narkissos* ein wunderschöner Knabe, der jedoch aus Eitelkeit alle Verehrer stolz zurückwies. Als er sich durstig über einen kristallklaren Quell beugte, verliebte er sich unsterblich in sein Spiegelbild und verzehrte sich aus Verzweiflung über diese unerfüllbare Liebe. Nach seinem Tod wurde er in eine *Narzisse* verwandelt.

## TRAUBENHYAZINTHE
*Muscari botryoides*

Ein weißer Kranz umgibt die Öffnung der blauen Blütenglöckchen bei der *Traubenhyazinthe* und weist den bestäubenden Bienen den Weg zum Nektar. Die *Traubenhyazinthe* zählt gewiss zu den attraktivsten „Unkräutern" und war als solches früher in Weinbergen verbreitet, wo sie zum bunten Frühjahrsflor beitrug. Heute wird sie in Gärten angepflanzt.

## SCHACHBRETTBLUME
*Fritillaria meleagris*

Das auffällige Muster ihrer Blütenblätter gab der *Schachbrettblume* ihren deutschen Namen. Aber auch der wissenschaftliche Name nimmt auf dieses Muster Bezug: Das lateinische *Fritillaria* bedeutet „Würfelbecher", und der Zusatz *meleagris* stammt vom griechischen Wort für „Perlhuhn" ab.

## WEINROSE
*Rosa rubiginosa*

Die Kronblätter der *Weinrose* sind tiefrosa und strömen einen frisch-blumigen Duft aus. Wie bei anderen Wildrosen sind die männlichen und weiblichen Sexualorgane noch gut zu erkennen: Ein Kranz unzähliger Staubblätter umgibt die Narbe im Zentrum der Blüte.

## SALOMONSSIEGEL
*Polygonatum multiflorum*

Die Blütenknospen des *Salomonssiegels* stehen kurz vor der Öffnung. Dann werden sie von Hummeln und Schmetterlingen besucht, die mit ihrem langen Rüssel den Nektar aus der Tiefe der weißen Blütenröhre saugen und dabei die Blüten bestäuben.

## SCHATTENGLÖCKCHEN
*Pieris japonica*

Wie auch bei anderen Vertretern aus der Verwandtschaft der *Heidekräuter* ist der junge Austrieb des *Schattenglöckchens* intensiv rot gefärbt.

## ULME
*Ulmus glabra*

Die Blüten der *Ulme* sind windblütig, das heißt der Pollen wird vom Wind fortgetragen und gelangt dadurch zu anderen Blüten. *Ulmen* blühen deshalb schon lange vor dem Blattaustrieb, damit der Wind ungehindert durch die Baumkronen wehen kann.

## Ulme
*Ulmus glabra*

Nun, im Mai, sind neben dem jungen Blattaustrieb der *Ulme* auch schon die geflügelten Früchte zu sehen, die nach ihrer Reife ebenfalls vom Wind verbreitet werden.

## Weisse Rosskastanie
*Aesculus hippocastanum*

Die jungen, empfindlichen Blätter vieler Laubbäume beginnen erst im Mai auszutreiben, wenn die Gefahr von starken Spätfrösten vorüber ist. Die schützenden Knospen bestehen aus mehreren Schichten schuppenförmiger Blätter, deren innere bei der *Weißen Rosskastanie* intensiv rot gefärbt sind.

## Esche
*Fraxinus excelsior*

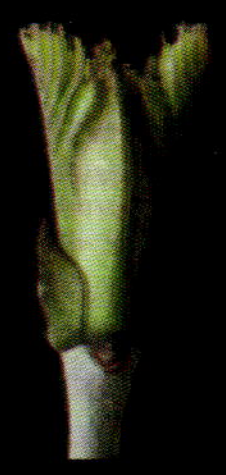

Nach den Unbilden des Winters treibt das frischgrüne Laub der *Esche* aus, dessen Fiederblätter in der Knospe kammartig gefaltet waren.

## Esche
*Fraxinus excelsior*

In der Vorstellungswelt der Germanen stand eine gewaltige *Esche* im Zentrum der Welt, die sogenannte *Weltesche Yggdrasil*.

## Gemswurz
*Doronicum columnae*

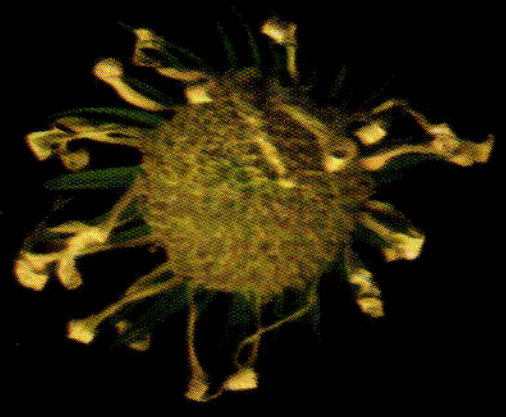

Aufgrund ihrer frühen Blütezeit sind die gelben Körbchen der *Gemswurz* oftmals schon im Mai verblüht.

## Löwenzahn
*Taraxacum officinale*

Die gelben Blütenköpfchen des *Löwenzahns* färben im Mai Wiesen und Weiden gelb und sind so den meisten Menschen von Kindheit an vertraut.

## Löwenzahn
*Taraxacum officinale*

Als „Pusteblume" kennt man vor allem auch die reifen Fruchtstände des *Löwenzahns*. Die einzelnen Früchte besitzen eine Art „Gleitschirm" und können somit leicht vom Wind fortgetragen werden und sich ausbreiten.

# V – FLORESCENTIÆ

[25. *Mai*]

### Geissblatt
*Lonicera caprifolium*

Die tütenförmigen Blüten des *Geißblatts* öffnen sich in den Abendstunden und senden dann einen betörenden Duft aus. Dadurch locken sie Nachtschwärmer an, die mit ihrem langen Rüssel Nektar aus der Blütenröhre saugen und dabei das *Geißblatt* bestäuben.

### Tränendes Herz
*Dicentra spectabilis*

Die Blüten des *Tränenden Herzens* erinnern an kleine, in einer Reihe aufgehängte Herzchen. Das aus Ostasien stammende *Tränende Herz* ist schon seit Langem eine beliebte Bauerngartenpflanze und strahlt heute einen an Großmutters Zeiten erinnernden, nostalgischen Charme aus.

### Tulpe
*Tulipa-Hybrid*

Anders als bei den meisten Tieren liegen die Sexualorgane der Pflanzen nicht schamhaft versteckt, sondern werden offen und freizügig zur Schau gestellt. Die *Tulpe* präsentiert ihre vor Pollen strotzenden Staubblätter wie auf einem kostbaren Tablett in leuchtenden Farben.

### Tulpe
*Tulipa-Hybrid*

Die gelbe Narbe der *Tulpe* ist gelappt und besitzt winzige, warzige Erhebungen. Dadurch wird ihre Oberfläche stark vergrößert, und von Bienen und anderen Insekten mitgebrachter Pollen kann leichter aufgefangen werden.

### Tulpe
*Tulipa-Hybrid*

In den verwelkten Blüten der *Tulpe* quellen die Staubbeutel noch vor Pollen über, der zum Teil auch schon auf den Blütenboden niedergerieselt ist. Linné verglich die Staubbeutel und die darin enthaltenen Pollenkörner mit den Hoden und Spermien bei Mensch und Tier.

### Tulpe
*Tulipa-Hybrid*

Auf der verwelkten *Tulpe* liegt ein schwarzes Pulver und lässt ihre Blüte wie mit Ruß verunreinigt aussehen. Dabei handelt es sich jedoch um den Pollen, der bei einigen *Tulpen* tief dunkelviolett gefärbt sein kann und hier in großen Mengen aus den Staubbeuteln niedergerieselt ist.

### Tulpe
*Tulipa-Hybrid*

In den Niederlanden kam es in der Zeit des Barock zu einem regelrechten Tulpenfieber, bei dem immer neue, ausgefallenere Sorten von *Tulpen* gezüchtet wurden – zum Beispiel solche mit bunt geflammten und ausgefransten Blütenblättern.

### Tulpe
*Tulipa-Hybrid*

Zum Schutz der wichtigen Fortpflanzungorgane im Inneren der Blüte schließen sich die farbenfrohen Blütenblätter jeden Abend, um sich am folgenden Morgen wieder zu öffnen.

### Zimmercalla
*Zantedeschia-Hybrid*

Die Blütenscheide der *Zimmercalla* umgibt den Kolben, auf dem in der unteren Hälfte die weiblichen Einzelblüten, in der oberen Hälfte die männlichen zu erkennen sind. Die Geschlechter sind bei der *Zimmercalla* also hinsichtlich ihrer einzelnen Blüten getrennt, in der Gesamtheit des Blütenstands aber wieder in ein und derselben Pflanze vereint.

### Wildrose
*Rosa dumalis*

Bei den *Wildrosen* umgibt ein Kranz gelber Staubblätter die Narbe im Zentrum der Blüte. Linné umschrieb diese Anordnung der pflanzlichen Sexualorgane als „Vielmännerei und -weiberei", bei der sich die gleiche große Zahl von Ehemännern und -frauen in unbeschwerter Freiheit in demselben Bett befände.

### Margerite
*Leucanthemum vulgare*

Wie andere Korbblütler besitzt auch die *Margerite* einen körbchenähnlichen Blütenstand, der aus zahlreichen, winzig kleinen Einzelblüten zusammengesetzt ist. Während die äußeren, weißen Strahlenblüten steril sind und nur als Schauapparat dienen, weisen die inneren, gelben Röhrenblüten funktionstüchtige Fortpflanzungsorgane auf.

### Margerite
*Leucanthemum vulgare*

Mit den Worten „Er liebt mich, er liebt mich nicht…" werden die weißen Strahlenblüten der *Margerite* gern als Liebesorakel benutzt.

### Jungfer im Grünen
*Nigella damascena*

Die *Jungfer im Grünen* war ursprünglich ein Ackerunkraut aus dem Mittelmeergebiet, das jedoch schon seit Langem als Gartenpflanze beliebt ist. Die *Jungfer im Grünen* galt ihrem Namen entsprechend früher als Symbol verschmähter Liebe und wurde männlichen Bewerbern als Zeichen der Ablehnung seitens der Frau überreicht.

### Ruhmeskrone
*Gloriosa rothschildiana*

Die leuchtend rote Blütenhülle der *Ruhmeskrone* ist nach dem Aufblühen weit nach hinten gebogen und legt die Geschlechtsteile offenherzig frei: Staubblätter und Stempel sind weit abgespreizt, um den Blütenbesuchern den Pollen direkt mit auf den Weg geben zu können oder ihn von diesen zu empfangen. Wie die meisten Pflanzen ist auch die *Ruhmeskrone* ein Hermaphrodit, vereint also beide Geschlechter in ein und derselben Blüte.

### Rote Rosskastanie
*Aesculus pavia*

Die Blütenblätter der *Roten Rosskastanie* sind mit einem zarten Flaum bedeckt. Aus einer Kreuzung dieser Art mit der *Weißen Rosskastanie* ging die *Fleischrote Rosskastanie* hervor, die wie ihr weißer Elternteil ein beliebter Parkbaum ist.

### Teichrosenblüte
*Nuphar lutea*

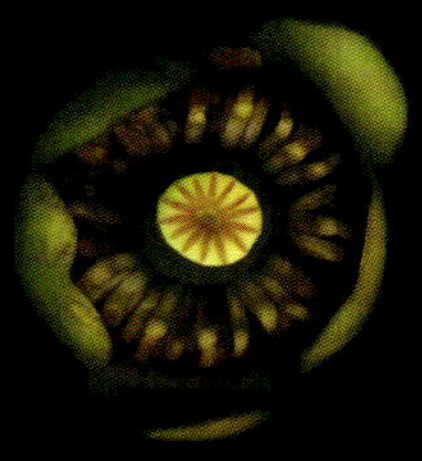

In der Mitte der *Teichrosenblüte* leuchtet die gelbe, sternförmige Narbe. Ihr Glanz rührt von einer klebrigen Substanz her, die auf der Oberfläche der Narbe abgesondert wird, um von anderen Blüten mitgebrachten Pollen aufzufangen und festzuhalten. Die fremden Pollenkörner keimen dann auf der feuchten Narbe aus und wachsen als sogenannte Pollenschläuche in Richtung des Fruchtknotens, wo sie die Samenanlagen befruchten.

### Rhabarber
*Rheum rhaponticum*

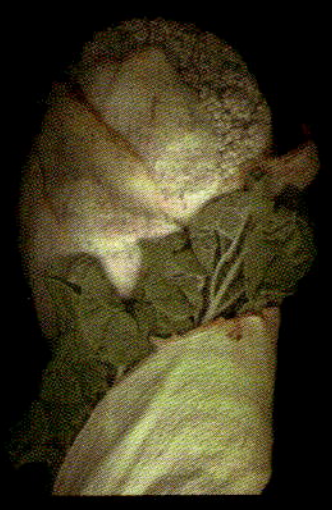

Als keulenförmige Knospe bricht der Blütenstand des *Rhabarbers* im Frühjahr aus dem Erdreich hervor. Wie auch die jungen Blätter ist er noch in schützende Blattscheiden gehüllt.

### Hauswurz
*Sempervivum tectorum*

Bei der *Haus- oder Dachwurz* ist die Anzahl der Staubblätter immer doppelt so groß wie jene der sie umgebenden, haarigen Kronblätter. Bei neun Kronblättern finden sich also achtzehn Staubblätter in einer Blüte. Die fleischigen Blattrosetten dieser Pflanze hat man früher auf die Strohdächer der Häuser gepflanzt, um diese auf magische Weise vor Blitzschlag und Feuer zu schützen.

### Wiesenbocksbart
*Tragopogon pratensis*

Wie beim *Löwenzahn* werden auch beim *Wiesenbocksbart* die Kelchblätter zu kunstvollen Flugschirmchen umgewandelt.

### Wiesenbocksbart
*Tragopogon pratensis*

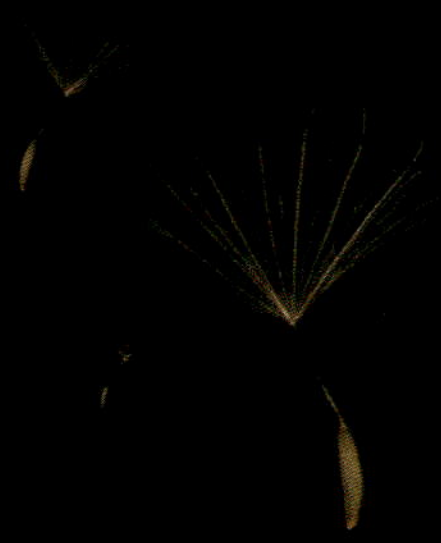

Die Flugschirmchen, alias Kelchblätter des *Wiesenbocksbarts*, ermöglichen es den reifen Samen, vom Wind mit fortgetragen zu werden.

# VI – GROSSIFICATIONIS

[*20. Juni*]

### TÜRKENBUND
*Lilium martagon*

Die Knospen des *Türkenbunds* werden sich in Kürze öffnen. Dann stellt diese Lilienart mit ihren großen, fleischigen Blüten und ihrem intensiven Duft gewiss eine der auffälligsten Pflanzen unserer Wälder dar.

### DILL
*Anethum graveolens*

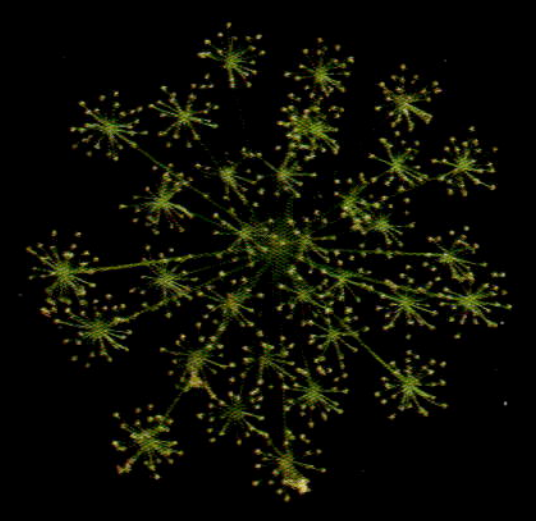

Der *Dill* besitzt einen schirmförmigen Blütenstand, der sich aus zahllosen kleinen, unauffälligen Blütchen zusammensetzt. Diese sogenannte Dolde erregt aber als Ganzes durchaus die Aufmerksamkeit der Insekten und dient diesen als bequemer Landeplatz, auf dem sie bei ihrer Nektarsuche auch leicht umherlaufen können.

### WILDE MÖHRE
*Daucus carota*

Wie ein Korb oder Nest ist die Dolde der *Wilden Möhre* zusammengebogen, bevor sie sich ausbreitet und als weißer Schirm aus zahllosen Einzelblüten ihre Bestäuber anlockt. Dann kommt es gleichsam zu einem hundertfachen Liebesspiel, wenn Blüte für Blüte von den Insekten bestäubt wird, die ihrerseits den Pollen der *Möhre* mitnehmen.

### BERGFLOCKENBLUME
*Centaurea montana*

Die *Bergflockenblume* besitzt dekorative Blütenköpfchen mit schwarzrandigen Hüllblättern und leuchtend violetten Einzelblüten. Der Gattungsname der oft als Heilkräuter verwendeten *Flockenblumen* geht auf den heilkundigen Kentauren Cheiron zurück.

### LERCHENSPORN
*Corydalis intermedia*

Bereits im Frühsommer reifen die Früchte des *Lerchensporns* und anderer Frühjahrsblüher. Seine Samen besitzen kleine, ölreiche Anhängsel. Diese locken Ameisen an, welche die Samen als Nahrung mit sich forttragen und somit für deren Ausbreitung sorgen.

### ZWIEBEL
*Allium cepa*

Lässt man *Zwiebeln* oder *Schalotten* vor dem Verzehr zu lange liegen, treiben sie aus, bilden grüne Blätter und wachsen letztlich zu Pflanzen heran. Die Bildung von Brutzwiebeln ist eine Form der ungeschlechtlichen Fortpflanzung, die gänzlich ohne Blüten, Pollen und Samen auskommt.

### ZIERLAUCH
*Allium aflatunense*

Wie ein Feuerwerk am Nachthimmel erscheint der Blütenstand des *Zierlauchs*. Jede einzelne Blüte gleicht einem violetten Sternchen, in dessen Mitte die pflanzlichen Geschlechtsorgane in Form des grünen Fruchtknotens und der sechs dünnen Staubblätter zu sehen sind. Die Schönheit des Zierlauchs dient letztlich also nur einem Zweck: der Fortpflanzung und somit der Erhaltung der Art.

### BÄRLAUCH
*Allium ursinum*

Ein einheimischer Vertreter aus der *Lauch*-Verwandtschaft ist der *Bärlauch*, der in feuchten Laubwäldern gern in großen Massen vorkommt und dort im Frühsommer einen weißen Blütenteppich ausbildet. Bei seinen dreizähligen Blüten sind gut die jeweils sechs Blütenblätter und Staubblätter sowie der dreigeteilte Fruchtknoten zu sehen.

### SCHNITTLAUCH
*Allium schoenoprasum*

Der *Schnittlauch* ist als beliebtes Küchenkraut bekannt, dessen röhrenförmige Blätter man kleingeschnitten über verschiedene Speisen streut. Dem *Knoblauch*, einem nahen Verwandten von *Schnittlauch*, *Küchenzwiebel* und *Schalotte*, wurde schon im alten Ägypten eine aphrodisierende Wirkung nachgesagt.

### KAPUZINERKRESSE
*Tropaeolum majus*

Die leuchtend gelb bis rot gefärbten Blüten der *Kapuzinerkresse* werden in ihrer peruanischen Heimat von Kolibris bestäubt, die mit ihrem langen Schnabel Nektar aus dem Blütensporn saugen. Die Form dieses Sporns erinnerte die Gärtner des Barock an die Kapuzen der Kapuzinermönche und trug der Pflanze so ihren deutschen Namen ein.

### Akelei
*Aquilegia vulgaris*

Die unreifen äußeren Staubblätter der *Akelei* sind noch geschlossen und zurückgebogen, während die inneren sich bereits gestreckt und geöffnet haben, um die reifen Pollenkörner zu entlassen. Somit wird gewährleistet, dass den ankommenden Bestäubern über viele Tage hinweg immer frischer Pollen mit auf den Weg zu anderen Blüten gegeben werden kann.

### Akelei
*Aquilegia vulgaris*

Die hängenden Blüten der *Akelei* sind nach unten geöffnet. Dadurch müssen sich die bestäubenden Hummeln auf der Suche nach Nektar an den Staubblättern festhalten und werden so auf ihrer Unterseite richtiggehend mit Pollen eingepudert.

### Akelei
*Aquilegia-Hybrid*

In den langen Spornen dieser weißen *Akelei* befindet sich reichlich Nektar als Belohnung für die Besucher der Blüte. Doch nur Insekten mit ausreichend langen Rüsseln, wie sie zum Beispiel Schmetterlinge besitzen, werden durch diesen süßen Saft entlohnt.

### Akelei
*Aquilegia vulgaris*

Bei den gefüllten Gartenformen der *Akelei* wurde die Anzahl der Blütenblätter durch Züchtung stark erhöht. Bei dieser zartrosa Zuchtform wirken die Staub- und Fruchtblätter deshalb wie von feinen Tüchern und weichen Kissen umgeben und geschützt.

### Akelei
*Aquilegia vulgaris*

Kleinen Säulchen gleich ragen die Bündel der zahllosen Staubblätter aus der Blüte der *Akelei*. Spätestens seit dem Mittelalter war die *Akelei* eine in ganz Europa beliebte Gartenpflanze, die in vielen Farbtönen von reinweiß bis schwarzviolett gezüchtet wurde. In der mittelalterlichen Tafelmalerei war die *Akelei* ein gern verwendetes christliches Symbol, wurde in der Kunst der Renaissance aber auch oft mit sexuellen Themen in Verbindung gebracht.

### Taglilie
*Hemerocallis lilioasphodelus*

Die *Taglilie* macht ihrem Namen alle Ehre: Ihre wohlriechenden Blüten stehen nur wenige Stunden in Flor. Sind sie an einem Tag noch als pralle Knospe kurz vor dem Aufblühen, finden wir sie am Tag darauf schon verblüht und welk.

### Filzige Klette
*Arctium tomentosum*

Die Blütenköpfchen der *Filzigen Klette* sind mit einem weißlichen Gespinst umwoben. Die vielen einzelnen Hüllblätter dieser Köpfchen besitzen starke Widerhaken, mit denen die reifen Fruchtköpfchen im Fell von Tieren und an menschlicher Kleidung kleben bleiben – und zwar so gut, dass sie das Vorbild für die Entwicklung des „Klettverschlusses" waren.

### Islandmohn
*Papaver nudicaule*

Auf langen Stielen richten sich die haarigen Knospen des *Islandmohns* auf, um sich kurz darauf zu öffnen und die Blütenblätter zu enthüllen.

### Türkischer Mohn
*Papaver orientale*

Borstige Kelchblätter schützen die empfindliche Blüte des *Türkischen Mohns*, fallen jedoch nach dem Öffnen der Knospe sofort ab.

### Türkischer Mohn
*Papaver orientale*

Auch die feuerroten, hauchdünnen Kronblätter des *Türkischen Mohns* sind sehr vergänglich und lassen schon einen Tag nach dem Aufblühen Fruchtknoten und Staubblätter ohne Blütenhülle zurück.

Türkischer Mohn
*Papaver orientale*

Die leuchtend roten Blütenblätter des *Türkischen Mohns* sind äußerst empfindlich. Werden sie beschädigt, welken und trocknen sie rasch und wirken dann wie hauchzartes Papier.

Pfingstrose
*Paeonia-Hybrid*

Nach erfolgter Befruchtung fallen die Staub- und Blütenblätter der *Pfingstrose* ab, und ihre frei stehenden Fruchtblätter schwellen an.

Pfingstrose
*Paeonia-Hybrid*

Die rote Narbe der *Pfingstrose* ist noch lange Zeit nach der Befruchtung an der Spitze der Fruchtblätter zu erkennen, die bei einigen Arten nackt, bei anderen aber auch samtig behaart sein können.

Schwertlilie
*Iris germanica*

Neben dem angebotenen Nektar werden viele Blüten auch wegen des eiweißreichen Pollens von ihren Bestäubern besucht. Die *Schwertlilie* bildet deshalb sogar einen regelrechten „Bart" aus gelben Haaren auf ihren Blütenblättern aus, um das Angebot an nahrhaftem Pollen noch größer erscheinen zu lassen.

Pfingstrose
*Paeonia-Hybrid*

In der Antike galt die *Pfingstrose* als eine der wertvollsten Heilpflanzen. Ihr wissenschaftlicher Name bezieht sich dementsprechend auch auf Paieon, einen Schüler des heilkundigen Asklepios, der mit einer Wurzel der *Pfingstrose* den verwundeten Gott der Unterwelt heilte.

Pfingstrose
*Paeonia-Hybrid*

Während die *Pfingstrose* in Europa über Jahrhunderte hinweg als Heilpflanze gezogen wurde, schätzte man sie in China vor allem ihrer Schönheit wegen und züchtete Hunderte von Sorten.

Rose
*Rosa-Hybrid*

Unter den Blumen gilt die rote *Rose* als Inbegriff von Erotik und Sinnlichkeit, doch ein wirkliches Sexualleben besitzen die gefüllten Zuchtformen unserer Gärten nicht mehr: Die Staubblätter sind bei diesen Gartenrosen zu zusätzlichen Kronblättern umgewandelt und verdecken die Narbe im Inneren der Blüte – was ihre Bestäubung und Befruchtung letztlich verhindert.

Wildrose
*Rosa spec.*

Die zartrosa Knospe einer *Wildrose* öffnet sich. Wenn ihre Blüten auch nicht die Üppigkeit und die satten Farben der meisten Gartenrosen erreichen, steht ihr anmutiger Reiz dem ihrer gezüchteten Verwandtschaft doch in nichts nach.

Lupine
*Lupinus polyphyllus*

Die rosa Blütenkerze der *Lupine* besteht aus Einzelblüten unterschiedlichen Alters: Während die untersten Blüten kurz vor dem Öffnen stehen, sind die obersten erst als kleine grüne Knospen zu sehen und werden erst einige Wochen später aufblühen. Dadurch wird die Blütezeit deutlich verlängert, und die Wahrscheinlichkeit einer erfolgreichen Befruchtung steigt.

Rotklee
*Trifolium pratense*

Wie auch bei anderen *Klee*-Arten sind die Blüten des *Rotklees* zu kleinen, kugeligen Blütenständen vereint. Der *Rotklee* ist häufig auf Wiesen und Weiden zu finden und stellt dort ein wichtiges Viehfutter dar.

## Studentenblume
*Tagetes patula*

Die aus Mexiko stammende *Studentenblume* zählt zu den beliebtesten Sommerblumen und ist aufgrund ihrer geringen Größe besonders dazu geeignet, Lücken in der Beetbepflanzung auszufüllen. In Bauerngärten wird sie zudem schon seit Langem in Mischkultur mit Gemüse angepflanzt, das sie durch ihren intensiven Duft von Schädlingen freihalten soll.

## Islandmohn
*Papaver nudicaule*

Eine Blütenknospe des *Islandmohns* öffnet sich, und während die grünen Kelchblätter abfallen, entfalten sich die zartrosa Kronblätter. Linné verglich die Kelchblätter der Pflanzen mit der menschlichen Vorhaut und den großen Schamlippen, während er die Kronblätter als Entsprechung der kleinen Schamlippen ansah.

## Islandmohn
*Papaver nudicaule*

Auch vollends aufgeblüht machen die Blüten des *Islandmohns* einen zerknitterten und „ungebügelten" Eindruck. In der Knospe sind die Blütenblätter zuvor nämlich nicht wie bei anderen Pflanzen ordentlich gefaltet, sondern unregelmäßig zusammengeknüllt.

## Islandmohn
*Papaver nudicaule*

Das Gegenlicht strahlt durch die hauchzarten, zerknitterten Blütenblätter des *Islandmohns* und lässt ihre feine Äderung gut erkennen.

## Türkischer Mohn
*Papaver orientale*

Wie ein Halskragen umgeben die schwarzen Staubblätter des *Türkischen Mohns* den kugeligen Fruchtknoten.

## Kaukasus-Skabiose
*Scabiosa caucasica*

Die strahlend weißen Blütenkörbe der *Kaukasus-Skabiose* sind im Sommer ein regelrechter Tummelplatz für eine Vielzahl verschiedener Insekten – und ihre Bestäubung erfolgt mithin auch durch allerlei unterschiedliche „Liebhaber".

## Bergflockenblume
*Centaurea montana*

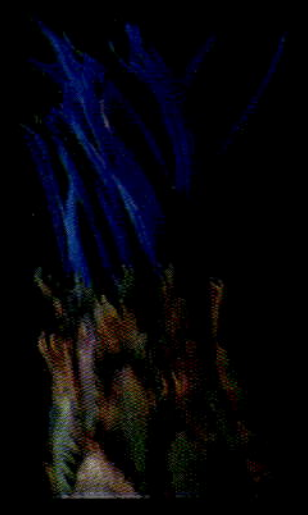

Aus dem sich öffnenden Blütenköpfchen der *Bergflockenblume* ragen bereits einige der violetten Einzelblüten hervor. Die Hüllblätter der Blütenköpfchen haben für die verschiedenen Arten der *Flockenblumen* ganz charakteristische Formen und Farben. Bei der *Bergflockenblume* besitzen sie einen schwarzen, stark gezähnten Rand.

## Türkenbund
*Lilium martagon*

Die trübrosa Blüten des *Türkenbunds* sind schwarz gefleckt und verströmen einen süßlich schweren, animalischen Duft. Seine zurückgebogenen Blütenblätter erinnern an einen orientalischen Turban und verliehen dem *Türkenbund* somit seinen Namen. Die sechs Staubblätter der Blüte haben sich soeben geöffnet und lassen freigiebig den leuchtend roten Pollen hervorquellen.

## Madonnenlilie
*Lilium candidum*

Wie Trompeten öffnen sich die strahlend weißen Blüten der *Madonnenlilie* oder *Weissen Lilie*, in denen die sechs gelben Staubblätter und der grüne Stempel gut zu erkennen sind. Sie galt ihrer weißen Farbe und des angenehmen Dufts wegen über viele Jahrhunderte als Symbol der Reinheit und Unbeflecktheit Mariens und wurde deshalb in der christlichen Kunst häufig dargestellt.

## Weisse Lilie
*Lilium candidum*

Der griechischen Mythologie zufolge ist die *Weiße Lilie* aus einigen Milchtropfen hervorgegangen, die Herakles als Säugling an der Brust Heras verspritzte. Aus Zorn über die keusche Reinheit der *Lilie* pflanzte die Liebesgöttin Aphrodite ihr jedoch das Glied eines männlichen Esels ein, das in Form des grünen Stempels in der Blüte zu sehen ist.

# VII — MATURATIONIS

[16. *Juli*]

### Flamingoblume
*Anthurium andraeanum*

Die *Flamingoblume* mit ihrer feuerroten, wächsern glänzenden Blütenscheide war eine der beliebtesten Zimmerpflanzen der Fünfzigerjahre. Ihr Blütenkolben ist mit zahllosen winzigen Blütchen besetzt, bei denen die weibliche Narbe lange vor dem Öffnen der männlichen Staubbeutel empfangsbereit ist. Dadurch wird Selbstbestäubung verhindert, also die Bestäubung der Narbe mit Pollenkörnern derselben Pflanze.

### Zimmercalla
*Zantedeschia-Hybrid*

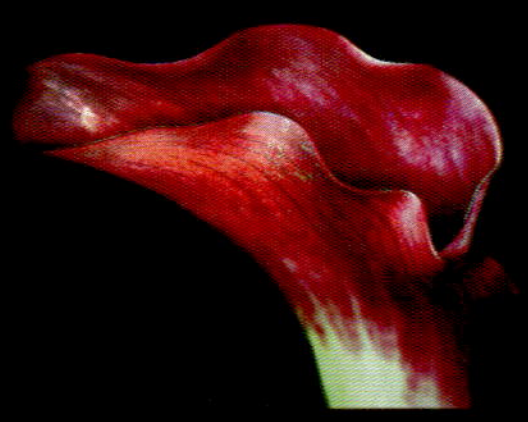

Die Zuchtformen der *Zimmercalla* haben Blütenscheiden in einer breiten Palette verschiedener Farben. Neben der weißen Wildform wurden vor allem rosa, gelbe und tiefrote Sorten gezüchtet.

### Lilie
*Lilium-Hybrid*

Ihr feuriges Farbenspiel, die Fleischigkeit ihrer Blütenblätter und ein süßlich schwerer Duft machen die *Lilie* gewiss zu einer der sinnlichsten Blumen im Pflanzenreich.

### Schmuckkörbchen
*Cosmos bipinnatus*

Das *Schmuckkörbchen* wird von einer Vielzahl verschiedener Insekten wie Bienen, Käfer, Schwebfliegen oder Schmetterlinge besucht und bestäubt. Seine Blütenkörbe dienen auch als Liebesnest für viele dieser Insekten, die dort leicht ihren Artgenossen begegnen und sich mit diesen paaren können.

### Storchschnabel
*Geranium pratense*

Die Staubblätter des *Storchschnabels* sind verschieden lang, um Insekten beim Blütenbesuch möglichst vollständig mit ihrem Pollen einzupudern. Der Pollen wird in so großen Mengen produziert, dass er nach dem Öffnen der Staubbeutel zum Teil auf den Blütengrund niederrieselt.

### Kamelie
*Camellia japonica*

Die *Kamelie* stammt aus feucht kühlen Bergwäldern Ostasiens und ist eng mit dem *Tee* verwandt. Ihre wachsartigen Blütenblätter sind sehr dauerhaft, und *Kamelien* waren deshalb im 19. Jahrhundert sehr beliebte Ansteckblumen für Knopfloch und Dekolleté, da sie auch nach Stunden noch nicht welkten. Weltberühmt wurde die *Kamelie* dann durch Alexandre Dumas' Roman *Die Kameliendame*.

### Borretsch
*Borago officinalis*

Wie blaue Sterne leuchten die Blüten des *Borretsch*, dessen raue Blätter nach Gurke schmecken und ein beliebtes Küchenkraut sind. Auch seine Blüten sind essbar und zur Dekoration von Salaten, Saucen und Getränken geeignet. Beim Besuch der Blüten werden Insekten regelrecht mit dem Blütenstaub des *Borretsch* eingepudert, sobald sie sich auf der Suche nach Nektar daran hängen.

### Glockenblume
*Campanula rapunculoides*

Linné nahm noch an, dass Blüten immer mit ihrem eigenen Pollen befruchtet würden. Erst 1790 entdeckte Christian Konrad Sprengel, dass die Natur in den meisten Fällen Fremdbestäubung fördert, so wie bei den *Glockenblumen*.

### Glockenblume
*Campanula rotundifolia*

Bei *Glockenblumen* wird Selbstbestäubung dadurch verhindert, dass die Narbe einer Blüte erst dann empfängnisbereit wird, nachdem die Staubblätter schon verwelkt sind.

### Wurmfarn
*Dryopteris filix-mas*

Die Wedel des *Wurmfarns* sind im jungen Zustand eingerollt wie ein Bischofsstab. Sie sind gröber und kräftiger als die Wedel des ähnlichen, aber zarteren und feiner zerteilten *Frauenfarns*. Obwohl beide Farne keinem bestimmten Geschlecht zugeordnet werden können, nennt man den *Wurmfarn* deshalb auch *Männerfarn*.

### Ackerwitwenblume
*Knautia arvensis*

In den Blütenkörbchen der *Ackerwitwenblume* öffnen sich die kleinen, violetten Blüten erst nach und nach. Dadurch verlängert sich ihre Blütezeit beträchtlich, was wiederum die Wahrscheinlichkeit einer erfolgreichen Befruchtung erhöht. Die Stempel mit ihren kolbenförmigen Narben ragen dabei weit aus den Blüten heraus.

### Indianernessel
*Monarda-Hybrid*

Die langen, feuerroten Blütenröhren der *Indianernessel* werden von Kolibris besucht. Im Gegensatz zu Insekten können diese kleinen Vögel, wie auch der Mensch, Rot als Farbe sehen. Leuchtend rote Blüten werden in der Natur deshalb fast immer von Kolibris oder anderen Vögeln bestäubt.

### Waldziest
*Stachys sylvatica*

Die Blüte des *Waldziest* ist wie auch bei anderen Lippenblütlern in eine obere und eine untere Lippe geteilt. Während die obere Staubbeutel und Narbe einhüllt und schützt, dient die untere als Landeplatz für Bienen und Hummeln, die den *Waldziest* auf ihrer Nektarsuche bestäuben.

### Buntschopfsalbei
*Salvia viridis*

Beim *Buntschopfsalbei* wird die Aufmerksamkeit der Bestäuber nicht durch auffällige Blütenblätter erregt, sondern durch große, bunte Hochblätter, in deren Achseln die eher unscheinbaren Blüten sitzen. Neben ihrer bekannten Heilwirkung galten einige *Salbei*-Arten schon im Altertum als Aphrodisiaka.

### Schlanke Karde
*Dipsacus strigosus*

Hundertfach ragen die kleinen, weißen Blüten der *Schlanken Karde* zwischen den stacheligen Spreublättern ihres Blütenstands hervor.

### Karde
*Dipsacus strigosus*

Mit den kugelförmigen Fruchtständen einiger *Karden*-Arten wurden früher Woll- und Flachsfasern gekämmt, um sie für das Verspinnen vorzubereiten.

### Kugeldistel
*Echinops ritro*

An den Spitzen der Staubbeutel quillt der weiße Pollen der *Kugeldistel* üppig hervor. Ihr wissenschaftlicher Name leitet sich vom griechischen Wort für den Igel, *echinos*, ab und bezieht sich auf ihre stacheligen Blütenköpfchen.

### Kokardenblume
*Gaillardia pulchella*

Die *Kokardenblume* gehört zu den Korbblütlern, bei denen die Einzelblüten des Blütenkörbchens verhältnismäßig groß und gut erkennbar sind.

### Bunte Wucherblume
*Chrysanthemum carinatum*

Die Körbchen der *Bunten Wucherblume* besitzen kreisförmige Saftmale, die Bienen und anderen Insekten den Weg zum angebotenen Nektar weisen und sie dadurch anlocken.

### Lilie
*Lilium-Hybrid*

Bei dieser roten *Lilie* ist die Narbe weiß gefärbt und lässt den klebrigen Bereich des weiblichen Stempels gut erkennen, auf dem der männliche Pollen festgehalten wird. Dort keimen die Pollenkörner zu einem Pollenschlauch aus, der durch den Stiel des Stempels zum Fruchtknoten hindurchwächst. Dort angekommen, befruchten die männlichen Geschlechtszellen die Samenanlagen, die zu Samen heranreifen.

Prachtlein
*Linum grandiflorum*

Die Blüte des *Prachtleins* besitzt in der Mitte einen stark glänzenden, kreisförmigen Fleck. Im für Insekten sichtbaren ultravioletten Licht haben die Blütenblätter an dieser Stelle eine andere Farbe, während sie für uns Menschen nur einfarbig rot aussehen.

Waldstorchschnabel
*Geranium sylvaticum*

Die Narbe des *Waldstorchschnabels* besteht aus fünf ausgebreiteten, dicht filzig behaarten und klebrigen Ästen – und ist dadurch bestens für die Aufnahme der Pollenkörner vorbereitet.

Ranunkel
*Ranunculus asiaticus*

Die *Ranunkel* war im 19. Jahrhundert eine überaus beliebte Gartenblume, die in vielen hundert Varietäten und in allen erdenklichen Farben gezüchtet wurde.

Ranunkel
*Ranunculus asiaticus*

Die Blüten der *Ranunkel* sind meist dicht gefüllt und öffnen sich aus dicken, knopfähnlichen Knospen.

# VIII – MESSIS

[ *4. August* ]

## Kürbis
*Cucurbita pepo*

Eine der letzten Kürbisblüten des Jahres hat sich geschlossen, während die Ernte der reifen Früchte schon begonnen hat. *Kürbisse* besitzen getrenntgeschlechtliche Blüten, die entweder nur Staubblätter oder nur einen Stempel besitzen. Männliche – wie die im Bild – und weibliche Blüten finden sich jedoch an ein und derselben Pflanze.

## Platterbse
*Lathyrus latifolius*

Die *Platterbse* gehört zu den Schmetterlingsblütlern, deren Name von der Form ihrer Blüten herrührt. Bei dieser Pflanzenfamilie sind die Fortpflanzungsorgane wie auch der Nektar im Inneren der Blüte verborgen und somit nicht allen Bestäubern ohne Weiteres zugänglich.

## Löwenmäulchen
*Antirrhinum majus*

Auch das *Löwenmäulchen* verbirgt seine Geschlechtsteile im Blüteninneren, markiert aber den Eingang zur Nektarquelle deutlich mit einem gelben Schlundfleck. Nur bestimmte, ausreichend schwere Insekten sind durch ihr Gewicht in der Lage, die Unterlippe nach unten zu drücken und so letztlich die Blüte zu bestäuben.

## Erbse
*Pisum sativum*

Bei der Erbse ist der typische Blütenaufbau der Schmetterlingsblütler gut zu erkennen: Das „Schiffchen“ verhüllt die in der Mitte liegenden Staubblätter und das einzelne Fruchtblatt. Links und rechts davon befinden sich die beiden „Flügel“, während sich das größte der Kronblätter, die „Fahne“, oberhalb davon ausbreitet.

## Zinnie
*Zinnia violacea*

Während die äußeren Blütenkreise der *Zinnie* schon verblüht und die Knospen der inneren Blütenkreise noch geschlossen sind, haben die mittleren Blüten sich weit geöffnet und lassen ihren Blütenstaub und ihre gelben Narben erkennen. Die aus Mexiko stammende *Zinnie* wurde schon von den Azteken kultiviert und ist heute eine weltweit beliebte Gartenpflanze.

## Zinnie
*Zinnia violacea*

Durch die langsame Abfolge sich öffnender Blütenkreise verlängert sich bei der *Zinnie* und anderen Korbblütlern die Blütezeit und damit die Zeit für eine erfolgreiche Bestäubung – und macht diese Pflanzen so ganz nebenbei zu beliebten Gartenpflanzen, deren Schönheit meist über viele Wochen anhält.

## Rudbeckie
*Rudbeckia fulgida*

Die *Rudbeckie* (hier geschlossen und geöffnet abgebildet) benannte Linné nach einem seiner Lehrer, Olof Rudbeck dem Älteren, der den botanischen Garten von Uppsala angelegt hatte. Dessen Sohn, Olof Rudbeck der Jüngere, wurde auf Linnés erstes bedeutsames Werk aufmerksam: die *Praeludia Sponsaliorum Plantarum*. In diesem „Vorspiel zur Hochzeit der Pflanzen“ setzte sich Linné erstmals mit der Sexualität der Pflanzen auseinander.

## Atlasblume
*Clarkia amoena*

Die Vielfalt der Farben und Formen im Pflanzenreich, wie hier bei den leuchtend violett gefärbten Blüten der *Atlasblume*, dient dazu, möglichst viele Bestäuber anzuziehen.

## Schöne Zaunwinde
*Calystegia pulchra*

Die rosa Blütentrichter der *Schönen Zaunwinde* werden an ihrer Basis von großen Hochblättern geschützt. Die schnellwüchsige *Zaunwinde* umrankt geeignete Stützen üppig und ist deshalb hervorragend zum Begrünen von Klettergerüsten und Zäunen geeignet.

## Strohblume
*Helichrysum bracteatum*

Die Hüllblätter der Blütenkörbchen sind bei der aus Südafrika stammenden *Strohblume* hauchdünn und sehr stabil. Da sie Form und Farbe auch im getrockneten Zustand kaum verliert, wird die *Strohblume* gern in Trockensträußen verwendet.

# IX – EXSOLATIONIS

[ *28. August* ]

### Prachtkerze
*Gaura lindheimeri*

Die Blüten der *Pracht- oder Präriekerze* aus Nordamerika wechseln im Lauf des Tages zweimal ihre Farbe: Sie verfärben sich beim morgendlichen Öffnen der rosa Knospen strahlend weiß, nehmen kurz vor dem Verblühen gegen Abend aber wieder einen Hauch von Rosa an. Die Staubbeutel und die kopfige Narbe sind bei der *Prachtkerze* besonders gut auf ihren langen, dünnen Stielen zu erkennen.

### Dahlie
*Dahlia x hortensis*

Seit die *Dahlie* Ende des 18. Jahrhunderts aus Mexiko nach Europa kam, ist sie zu einer der beliebtesten Gartenblumen mit Tausenden von Zuchtformen geworden.

### Dahlie
*Dahlia x hortensis*

Während sich bei vielen *Dahlien*-Sorten die äußeren Zungenblüten flach ausbreiten, sind sie bei anderen Zuchtformen mehr oder weniger stark eingerollt. Die Blütenköpfchen dieser sogenannten *Pompon-Dahlien* erinnern oftmals an Halskrausen oder sogar an altmodische Badekappen.

### Dahlie
*Dahlia x hortensis*

Da die frostempfindlichen *Dahlien* erst nach den letzten Frösten im Mai ausgepflanzt werden können, öffnen sich ihre knopfartigen Knospen verhältnismäßig spät im Sommer.

### Dahlie
*Dahlia x hortensis*

Die Farbenpracht der *Dahlie* erreicht im Spätsommer einen Höhepunkt und hält bis zu den ersten Frösten im Herbst an – bis die Dahlienknollen im Keller geschützt überwintert werden müssen.

### Sonnenblume
*Helianthus annuus*

*Sonnenblumen* sind den meisten schon von Kindheit an vertraut. Sowohl ihren deutschen als auch ihren wissenschaftlichen Namen haben sie von Form und Farbe ihrer großen, gelben Blütenkörbe, die einer Sonnenscheibe ähneln.

### Sonnenblume
*Helianthus annuus*

Die Blütenkörbe der *Sonnenblume* sind immer der Sonne zugewandt und folgen deren Lauf vom Aufgang bis zum Untergang.

### Waldrebe
*Clematis x jackmanii*

Auch nachdem die Blütenblätter der *Waldrebe* abgefallen sind, kann ihre Blüte noch sehr dekorativ wirken. Die zahllosen Fruchtblätter im Zentrum der Blüte sind von einem sternförmigen Kranz blau getönter Staubblätter umgeben.

# x – DEFOLIATIONIS

[*22. September*]

---

RUDBECKIE
*Rudbeckia hirta*

Zusätzlich zu den gelben Wildformen der *Rudbeckie* wurden auch zahlreiche Sorten mit Blütenkörbchen in verschiedenen Orange- und Rottönen gezüchtet.

---

GIFTBEERE
*Nicandra physalodes*

Wie aus schwarz glänzendem Leder umschließt der Kelch der *Giftbeere* die reifende Frucht.

---

GIFTBEERE
*Nicandra physalodes*

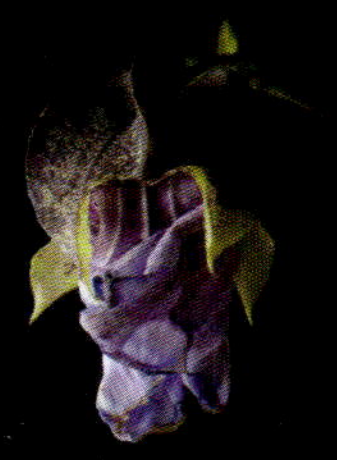

Die *Giftbeere* aus Peru wird wegen ihres dekorativen, lampionartigen Kelchs weltweit in Gärten angepflanzt – und vertreibt so vermeintlich auch Fliegen und anderes Ungeziefer.

---

HERBSTANEMONE
*Anemone hupehensis*

Mit Farben zwischen Weiß und Violett sind die fein behaarten Blüten der *Herbstanemone* nach dem Sommer einer der letzten Farbtupfer im Garten.

---

STRANDFLIEDER
*Limonium sinuatum*

Wie sein Name schon verrät, stammt der *Strandflieder* von den Küsten des Mittelmeers und verträgt deshalb sogar salzhaltigen Boden. Neben seiner langen Blütezeit sind die farbenfrohen Blüten auch getrocknet sehr dauerhaft, weswegen der *Strandflieder* häufig in Trockensträußen verwendet wird.

---

RUDBECKIE
*Rudbeckia hirta*

Für die Bestäuber der *Rudbeckie* viel auffälliger als die Farbe der Blütenkörbchen ist das Muster im für uns Menschen unsichtbaren ultravioletten Licht.

---

HERBSTANEMONE
*Anemone hupehensis*

Die Staubblätter der *Herbstanemone* sind strahlenförmig um das Bündel glänzend grüner Fruchtblätter in der Mitte der Blüte angeordnet.

# XI – CONGELATIONIS

*[28. Oktober]*

### Rhododendron
*Rhododendron-Hybrid*

Auch viele Monate nach der Blüte Anfang des Sommers sind beim *Rhododendron* noch die weiblichen Fruchtknoten mit den darauf sitzenden dünnen Griffeln zu sehen. Linné nannte den Griffel *tuba* und den Fruchtknoten *ovarium*. Damit benutzte er dieselben lateinischen Begriffe wie für Eileiter und Eierstock bei Mensch und Tier, um die Parallelen in der Funktion dieser Organe zu verdeutlichen.

### Jungfer im Grünen
*Nigella damascena*

Die Frucht der *Jungfer im Grünen* wird von Laub umgeben. Im Wind rascheln in dieser Kapsel die kleinen, schwarzen Samen, bis sie durch Öffnungen an der Spitze der Frucht herausgeschleudert werden. Der *Schwarzkümmel*, eine verwandte Art, ist ein uraltes Gewürz, das sich sogar in ägyptischen Pharaonengräbern fand und auch heute zum Würzen von Fladenbrot benutzt wird.

### Rose
*Rosa spec.*

Im Gegensatz zu vielen *Gartenrosen* bilden die Wildformen der *Rose* nach der Befruchtung ihrer Blüten noch regelmäßig Hagebutten aus. Diese vitaminreichen Früchte entstehen aus dem anfangs noch grünen Blütenbecher, der wie eine Schale die Fruchtblätter umgibt.

## XII – BRUMALIS

[5. *November*]

**Kugeldistel**
*Echinops ritro*

Das Blütenköpfchen der *Kugeldistel* ist im Lauf des Herbstes auseinandergefallen und hat die reifen Früchte in der Umgebung ausgestreut. Die *Kugeldistel* gehört zu jenen Blumen, die auch vertrocknet noch dekorativ aussehen und den Garten bis tief in die kalte Jahreszeit hinein schmücken.

**Purpursonnenhut**
*Echinacea purpurea*

Zwischen den verrottenden Spreublättern des *Purpursonnenhuts* lassen sich noch einige Früchte erkennen. Schon von den Indianern seiner nordamerikanischen Heimat wurde er als Heilpflanze genutzt, und heute werden weltweit industrielle Sonnenhutpräparate für verschiedene Anwendungen angeboten.

**Pfingstrose**
*Paeonia-Hybrid*

Neben den prachtvollen Blüten sieht auch das vielfach zerteilte Laub der *Pfingstrose* reizvoll aus.

**Weinrose**
*Rosa rubiginosa*

Werden die Hagebutten der *Weinrose* nicht rechtzeitig von hungrigen Vögeln gefressen, verdorrt ihr nahrhaftes rotes Fruchtfleisch, und sie bleiben verschrumpelt zurück.

# BIOGRAFIEN UND IMPRESSUM

Die Pflanzenporträts des schwedischen Fotografen *Edvard Koinberg,* 1964 in Stockholm geboren, knüpfen an die künstlerische Tradition der schwedischen Aufklärung an. Inspirieren ließ sich Koinberg auch von der niederländischen Malerei des 17. und 18. Jahrhunderts. In den letzten zehn Jahren konzentrierte er sich auf eigene Projekte, in denen Pflanzen und Gärten stets wiederkehrende Themen sind, und die in verschiedenen Ausstellungen in Europa und den USA, Russland, Weißrussland, der Ukraine, China, Indonesien, Südafrika, Australien und Neuseeland zu sehen waren.

*Henning Mankell,* 1948 in Stockholm geboren, zählt zu den bekanntesten schwedischen Kriminalautoren und schreibt zudem gelegentlich für Kinder und das Theater. Obwohl er inzwischen überwiegend in Mosambik lebt, pflegt er nach wie vor eine enge Beziehung zu seiner Heimat. Henning Mankell verfolgt die Geschichte, Literatur und Kultur Schwedens mit großem Interesse, und so versteht es sich fast von selbst, dass er ein großer Bewunderer Carl von Linnés ist, dem wohl bedeutendsten Vertreter der Aufklärung in Skandinavien.

*Tore Frängsmyr,* geboren 1938, war bis vor Kurzem Professor für Wissenschaftsgeschichte an der Universität Uppsala in Schweden. Außerdem leitete er das Zentrum für Wissenschaftsgeschichte an der Königlich Schwedischen Akademie der Wissenschaften und war Herausgeber des seit 1901 erscheinenden Jahrbuchs der Nobelstiftung, *Les Prix Nobel.* Zu seinen Publikationen zählen Werke über Carl von Linné und über die Königlich Schwedische Akademie der Wissenschaften.

Um sich über Neuerscheinungen von TASCHEN zu informieren, fordern Sie bitte unser Magazin unter www.taschen.com/magazine an, oder schreiben Sie an TASCHEN, Hohenzollernring 53, D–50672 Köln, contact@taschen.com, Fax: +49-221-254919. Wir schicken Ihnen gerne ein kostenloses Exemplar mit Informationen über alle unsere Bücher.

© 2009 TASCHEN GmbH
Hohenzollernring 53, D–50672 Köln
www.taschen.com

© 2009 Edvard Koinberg für alle Fotos

*Design*: Sense/Net, Andy Disl und Birgit Eichwede, Köln
*Projektkoordination*: Florian Kobler, Kathrin Murr, Köln
*Mitarbeit*: Bokförlaget Max Ström, Stockholm, www.maxstrom.se
*Produktion*: Stefan Klatte, Köln
*Prepress*: Dieter Kirchner, NovaConcept, Berlin. Printed in PAN4C®.
*Pflanzenbeschreibungen*: Nils Köster, Bonn
*Deutsche Übersetzung*: Wolfgang Butt, Fontanes (Essays), Nils Köster, Bonn (Zitate)

Printed in Italy
ISBN: 978-3-8365-1781-2